Liane Paradies | Wencke Sorrentino | Johannes Greving

99 Tipps
Individuelles Fördern

Die in diesem Werk angegebenen Internetadressen haben wir überprüft (Redaktionsschluss Oktober 2008). Dennoch können wir nicht ausschließen, dass unter einer solchen Adresse inzwischen ein ganz anderer Inhalt angeboten wird.

Nicht in allen Fällen war es uns möglich, den Rechteinhaber ausfindig zu machen. Berechtigte Ansprüche werden selbstverständlich im Rahmen der üblichen Vereinbarungen abgegolten. Wir bitten um Verständnis.

www.cornelsen.de

Bibliografische Information: Die Deutsche Bibliothek verzeichnet diese Publikation in der Deutschen Nationalbibliografie; detaillierte bibliografische Daten sind im Internet über http://dnb.ddb.de abrufbar.

Dieses Werk berücksichtigt die Regeln der deutschen Rechtschreibung, die seit August 2006 gelten.

5. 4. 3. 2. 1. Die letzten Ziffern bezeichnen
13 12 11 10 09 Zahl und Jahr der Auflage.

© 2009 Cornelsen Verlag Scriptor GmbH & Co. KG, Berlin
Das Werk und seine Teile sind urheberrechtlich geschützt. Jede Nutzung in anderen als den gesetzlich zugelassenen Fällen bedarf deshalb der vorherigen schriftlichen Einwilligung des Verlags.
Hinweis zu den §§ 46, 52a UrhG: Weder das Werk noch seine Teile dürfen ohne eine solche Einwilligung eingescannt und in ein Netzwerk eingestellt oder sonst öffentlich zugänglich gemacht werden.
Dies gilt auch für Intranets von Schulen und sonstigen Bildungseinrichtungen.
Konzeption/Projektleitung: Dorothee Weylandt, Berlin
Redaktion: Dorothee Weylandt, Berlin
Herstellung: Brigitte Bredow, Berlin
Die Reihenkonzeption wurde von Cornelia Colditz und Claudia Kahlenberg im Rahmen eines studentischen Wettbewerbs im Studiengang Verlagsherstellung an der HTWK Leipzig (www.verlagsherstellung.de) unter Leitung von Julia Walch, Bad Soden, entwickelt.
Satz/Layout: Julia Walch, Bad Soden
Illustrationen: Mone Schliephack, Niedernhausen-Oberjosbach
Umschlagentwurf: Magdalene Krumbeck, Wuppertal
Druck und Bindearbeiten: CPI – Clausen & Bosse, Leck
Printed in Germany
ISBN 978-3-589-22821-8

Gedruckt auf säurefreiem Papier,
umweltschonend hergestellt aus chlorfrei gebleichten Faserstoffen.

Inhaltsverzeichnis

Vorwort 9
10 Top-Tipps 12

Rahmenbedingungen

TIPP 1: Rechtliche Grundlagen beachten 13
TIPP 2: Unterrichtsformen ausbalancieren 14
TIPP 3: Gruppenbildung steuern 16
TIPP 4: Lernangebote machen 17
TIPP 5: Fördern statt aussortieren 18
TIPP 6: Lernarrangements planen 20
TIPP 7: Förderinstrumente finden 23
TIPP 8: Den Intelligenzbegriff erweitern 25
TIPP 9: Lerntypen-Test durchführen 26

Lernausgangsdiagnose

TIPP 10: Lernausgangslage bestimmen 28
TIPP 11: Subjektive Diagnosen bewusst machen 30
TIPP 12: Subjektive Diagnosen aufdecken 31
TIPP 13: Diagnoseschritte 32
TIPP 14: Fokus auf Auffälligkeiten 34
TIPP 15: Schülerselbstdiagnose 35
TIPP 16: Lernverhalten diagnostizieren 37
TIPP 17: Arbeitsverhalten diagnostizieren 38
TIPP 18: Sozialverhalten diagnostizieren 39
TIPP 19: Über den eigenen Tellerrand schauen 41

Lernpläne

TIPP 20: Klarheit über Förderfunktionen 42
TIPP 21: Schüler integrativ fördern 43
TIPP 22: Individuelle Lernpläne erstellen 44
TIPP 23: Förderpläne realisieren 46
TIPP 24: Arbeitspläne einsetzen 48

TIPP 25: Monatspläne einsetzen 49
TIPP 26: Mit Hausaufgabenplänen arbeiten 50
TIPP 27: Lernlandkarten 51
TIPP 28: Förderpraxis kontrollieren 56
TIPP 29: Metakognition bei Schülern fördern 57

Lernkontrakte

TIPP 30: Lernkontrakte und Arbeitsbündnisse 58
TIPP 31: Lernberichte anfertigen lassen 60
TIPP 32: Lernvereinbarungen treffen 61
TIPP 33: Rückmeldebogen für Lernkontrollen 62
TIPP 34: Rückmeldebogen für Zeugnisse 64
TIPP 35: Logbuch schreiben 66
TIPP 36: Schüler-Feedback bekommen 68
TIPP 37: Schriftliche Zielvereinbarungen 70
TIPP 38: Schriftliche Rückmeldungen 71
TIPP 39: Außerschulische Vereinbarungen 73

Lernkompetenz der Schüler stärken

TIPP 40: Kognitives Wissen stärken 74
TIPP 41: Affektive Arbeitsstrategien nutzen 76
TIPP 42: Aktivierungs- und Handlungsstrategien 77
TIPP 43: Organisations- und Planungstechniken 78
TIPP 44: Frustrationstoleranz erhöhen 79
TIPP 45: Kooperationsfähigkeit fördern 80
TIPP 46: Kollegen und Fachleute hinzuziehen 81
TIPP 47: Lernkompetenz aufbauen 82
TIPP 48: Lernkompetenz testen 84
TIPP 49: Lernkompetenz dokumentieren 85

Lernentwicklung dokumentieren

TIPP 50: Schülerporträts 86
TIPP 51: Ein Schülerporträt gestalten 87
TIPP 52: Den eigenen Lernstand einschätzen 89
TIPP 53: Mit Checklisten arbeiten 90

TIPP 54: Checklisten gestalten 92
TIPP 55: Lerntagebuch schreiben 93
TIPP 56: Dossier anfertigen 95
TIPP 57: Lernentwicklung dokumentieren 96
TIPP 58: Lernportfolios anlegen 98
TIPP 59: Individuelles Lernportfolio 99

Transparente Leistungserwartungen

TIPP 60: Lernleistungen ernst nehmen 100
TIPP 61: Den Sinn des Lernens verdeutlichen 101
TIPP 62: Leitfragen für Klassenarbeiten 102
TIPP 63: Inhaltliche Klarheit herstellen 103
TIPP 64: Reliabilität beachten 104
TIPP 65: Validität berücksichtigen 105
TIPP 66: Mündliche Leistungen bewerten 107
TIPP 67: Beobachtungsbogen für mündliche Leistungen 108
TIPP 68: Themenpläne differenziert nutzen 110
TIPP 69: Beurteilungsfreie Übungsphasen einbauen 111

Praktische Beispiele

TIPP 70: Lernprozesse begleiten 112
TIPP 71: Lernverhalten beobachten 114
TIPP 72: Schüler beobachten Schüler 116
TIPP 73: Positive Schüleransprache 118
TIPP 74: Schüler coachen Schüler 120
TIPP 75: Coachen regelmäßig reflektieren 121
TIPP 76: Mündliche Aktivität steigern 122
TIPP 77: Varianten der mündlichen Aktivierung 123
TIPP 78: Basiskompetenzen einüben 124
TIPP 79: Schüler zum Schreiben ermutigen 125
TIPP 80: Rhetorik schulen 127
TIPP 81: Spontanpräsentationen einbauen 128
TIPP 82: Konzentration üben 129
TIPP 83: Schüler forschen lassen 131
TIPP 84: Experten einsetzen 131
TIPP 85: Themenexperten einsetzen 133

TIPP 86: Ruheimpulse verstärken 134
TIPP 87: Strukturierungshilfen geben 135
TIPP 88: Frageschleifen installieren 137
TIPP 89: Sich in Luft auflösen 138
TIPP 90: Schüler motivieren 139
TIPP 91: Ziele schülergerecht formulieren 140
TIPP 92: Auf die Zeit achten 141
TIPP 93: Werkstattunterricht 142
TIPP 94: Schüler helfen Schülern 143
TIPP 95: Schülerpatenschaften einrichten 145
TIPP 96: Lernpatenschaften fördern 146
TIPP 97: Schüler unterrichten Schüler 147
TIPP 98: Nachhilfefirma 148
TIPP 99: Lehrerraumprinzip 150

Register 153
Literaturhinweise 157

VORWORT

„Unterricht ist ein sehr komplexes Geschehen. Und genau deswegen brauchen wir Rezepte" – so lautete der Untertitel des pädagogischen Bestsellers „Unterrichts-Rezepte" von Jochen und Monika Grell aus dem Jahre 1983. Diesem Diktum können wir uns voll und ganz anschließen. Die Grells wurden ihrem eigenen Anspruch allerdings selbst nicht gerecht, denn ihr – nebenbei ausgesprochen lesenswertes – Buch war keineswegs eine Sammlung von Rezepten, sondern eine sehr komplexe, ausführliche und oft in theoretische Stollen führende Abhandlung.

In dem hier vorliegenden Buch mit 99 Tipps zum individuellen Fördern möchten wir den Anspruch, ein komplexes Geschehen durch eine Zusammenstellung von Rezepten – besser: Tipps – zugänglich zu machen, neu einlösen: keine kurzschrittige Mund-zu-Mund-Beatmung für Pädagogen, denen ihr schulischer Alltag über den Kopf gewachsen ist, sondern eine Sammlung von sorgfältig ausgesuchten Ratschlägen von berufserfahrenen Lehrern, die selbst seit Jahren „vor Ort" tätig sind; zahlreiche Tipps, die sämtlich unserer eigenen unterrichtlichen Erfahrung entstammen, sich in ihr bewährt haben und die Sie unmittelbar und ohne größeren Aufwand gleich morgen in Ihrem eigenen Unterricht um- und einsetzen können!

Einige erläuternde Worte zur Gliederung:
Im ersten Teil 10 Top-Tipps finden Sie diejenigen Ratschläge, die wir für unbedingt wichtig halten. Das heißt nicht, dass die anderen 89 Tipps unwichtig wären – im Gegenteil, jeder für sich hat natürlich ein gleich großes Gewicht. Mit der Befolgung der Top-Tipps aber können Sie am schnellsten und effektivsten die eigene Unterrichtspraxis im Bereich des individuellen Förderns optimieren.
Die Rahmenbedingungen klären die Bereiche, die oft aus dem Fokus der Aufmerksamkeit fallen, deren Einhaltung und Befolgung aber unverzichtbar für eine gelungene pädagogische Praxis ist.

Mit dem Abschnitt „Lernausgangsdiagnose" möchten wir die Startbedingungen optimieren. Der Ausflug in das sprachliche Repertoire des Sports ist nicht zufällig gewählt: Individuell fördern kann nur derjenige, der weiß, wo seine Schüler stehen, über welche Lern-, Wissens- und Kompetenzausgangsbedingungen sie verfügen und wie weit sie vom üblichen Niveau der Klasse und Altersstufe nach vorn oder nach hinten entfernt sind.

Auf dieser Ausgangsdiagnose bauen die Lernpläne auf. Lehrer und Schüler stellen gemeinsam und für jeden individuell Pläne auf, die die nähere Zukunft strukturieren, den anvisierten Lernprozess einteilen und begleiten. Abgeschlossen wird dieser Abschnitt mit einem Tipp zur Reflexion und Dokumentation des je eigenen Lernfortschritts.

Lernkontrakte gehen einen Schritt weiter und bilden die logische Fortsetzung: Ohne einen verbindlichen Rahmen für beide Seiten – Schüler wie Lehrer – geht es einfach nicht! In diesem Abschnitt finden Sie daher Tipps, wie Vereinbarungen, Bündnisse und – last, but not least – Rückmeldungen von allen Beteiligten im Unterrichtsalltag institutionalisiert werden können.

Das Kapitel „Lernkompetenz der Schüler stärken" konzentriert sich im ersten Teil auf die Bedeutung der unterschiedlichen Lerndimensionen und die Frage, durch welche Tipps diese für den Lernprozess optimiert werden können. Hier geht der Blick auch über den Tellerrand des pädagogischen Einzelkämpfers hinaus. Im zweiten Abschnitt werden Vorschläge zu grundsätzlichen Möglichkeiten der Dokumentation von Lernerfolgen gemacht.

Im Abschnitt „Lernentwicklung dokumentieren" wird die Sichtweise umgedreht: Weg von der Lehrerperspektive, hin zur Eigensicht des Schülers. Sie finden hier Tipps, wie die Schüler selbst ihren Lernerfolg präzise, sukzessive und kontrolliert fixieren und dokumentieren können.

Transparente Leistungserwartungen sind für das Projekt des individuellen Förderns unverzichtbar, denn nur dann, wenn Schüler den Sinn eingeforderter Leistungen erkennen und ihnen deren Bewertung transparent ist, werden sie in der Lage sein, den Prozess des individuellen Förderns eigeninitiativ vorwärtszutreiben. Das Kapitel schließt mit dem Hinweis, wie wichtig es für gelingenden Unterricht ist, dass feste, beurteilungsfreie Phasen eingebaut sind, in denen alle Schüler ohne jede Furcht vor schlechten Noten Irr- und Umwege gehen dürfen.

Das letzte Kapitel „Praktische Bespiele" ist das umfangreichste, und das aus gutem Grund: Wie schon oben angedeutet, verstehen wir Autoren uns in erster Linie als Praktiker, die aus dem schulischen Alltag kommen, und die in diesem Abschnitt versammelten Tipps haben daher einen unmittelbar praktischen Charakter. Es sind manchmal scheinbar banale Dinge oder Kleinigkeiten, die aber nach unseren eigenen Erfahrungen ungeahnte positive Konsequenzen haben können.

Wir wünschen Ihnen viel Erfolg!
Liane Paradies
Wencke Sorrentino
Johannes Greving

PS: Aus Gründen der besseren Lesbarkeit wird in diesem Buch durchgehend die männliche grammatische Form verwendet. Natürlich sind damit auch immer Frauen und Mädchen gemeint, also Lehrerinnen, Schülerinnen usw.

10 Top-Tipps ... Die Lieblingstipps der Autoren!

1. Tipp
Unterrichtsformen ausbalancieren

2. Tipp
Lernausgangslage bestimmen

3. Tipp
Metakognition bei Schülern fördern

4. Tipp
Lernkontrakte und Arbeitsbündnisse

5. Tipp
Kognitives Wissen stärken

6. Tipp
Affektive Arbeitsstrategien nutzen

7. Tipp
Den eigenen Lernstand einschätzen

8. Tipp
Lernleistungen ernst nehmen

9. Tipp
Beurteilungsfreie Übungsphasen einbauen

10. Tipp
Ziele schülergerecht formulieren

RECHTLICHE GRUNDLAGEN BEACHTEN 1

Lehrer sind dienstrechtlich an Gesetze, Erlasse und Verfügungen gebunden, denen gegenüber kein Entscheidungsspielraum bleibt, sondern die schlicht und einfach umgesetzt und realisiert werden müssen.

> You can't command the wind but you can set the sails!

1. Bildungsstandards
Die Basis bilden Bildungsstandards, Bildungspläne und Kerncurricula, die von der KMK (Kultusministerkonferenz) sowie den Kultusbehörden formuliert werden.

Bildungsstandards

2. Schulcurricula
Präzisiert und angepasst an die spezifischen Gegebenheiten der einzelnen Schule werden die Bildungsstandards in inhalts- wie prozessbezogenen Schulcurricula umgesetzt. Gibt es keine Schulcurricula, werden die Fachkonferenzen unmittelbar auf der Basis der Vorgaben aktiv und entwickeln Themenpläne oder Kompetenzraster für bestimmte Lernfelder.

Schulcurricula

Um die Ecke gedacht

> Lehrer sehen schulrechtliche Vorgaben oft eher als hinderlich für die Realisierung ihrer eigenen Ziele an und klagen über Stoff-Fülle usw. Begreifen Sie die Bildungsstandards und die darauf aufbauenden Regelungen eher als Chance und Hilfe, denn sie geben oft sehr genau und präzise an, über welche Kompetenzen die Schüler (schul-, jahrgangs- und fachspezifisch) verfügen sollten. Dies ist eine große Hilfe bei der individuellen Förderung!

3. Themenpläne
Ein Themenplan (Tipp 68) stellt eine von der Fachkonferenz oder dem einzelnen Kollegen entwickelte, methodisch und fachdidaktisch strukturierte thematische Einheit dar, die die Grundlage für die jeweilige Unterrichtseinheit bildet. In ihm werden inhalts- und prozessbezogene (metho-

Themenpläne
▸ Tipp 68

> Tipp 10

dische) Kompetenzen auf jeweils grundlegendem und vertieftem Niveau eindeutig festgeschrieben. Themenpläne bilden damit auch die sachlich-fachliche Grundlage für die Bestimmung der Lernausgangslage (Tipp 10), die für das individuelle Fördern elementar ist.

2 UNTERRICHTSFORMEN AUSBALANCIEREN

Gemeinsam, kooperativ, individualisiert

Unterricht findet in verschiedenen Formen statt: als gemeinsamer Unterricht (Klassen-/Frontalunterricht), als kooperativer Unterricht (Gruppen- oder Partnerarbeit) und als individualisierender Unterricht (Einzelarbeit). Jede der drei Formen hat spezifische Stärken und Schwächen. Letztlich kommt es darauf an, die für das Erreichen der anvisierten Lernziele geeignete Form zu finden:

- Gemeinsamer Unterricht ist gut geeignet, um Sach-, Sinn- und Problemzusammenhänge aus der Sicht des Lehrenden zu vermitteln und dadurch die Sach- und Fachkompetenz der Schüler aufzubauen.
- Kooperativer Unterricht erlaubt solidarisches Handeln und bietet den Schülern Erfahrungen in der Team- und Gruppenarbeit. Er vermittelt Handlungskompetenz und Selbstwertgefühl.
- Individualisierender Unterricht steht für selbstorganisiertes Lernen. Er ist gut geeignet, um individuelle Lernschwerpunkte herauszubilden, und hilft, Methodenkompetenzen aufzubauen.

Auch wenn das frontale fragend-entwickelnde Unterrichtsgespräch heute nicht mehr 80 % der in deutschen Schulen eingesetzten Methoden ausmacht (wie dies noch im Jahr 1985 eine repräsentative Umfrage unter Lehrern festgestellt hat): Der Klassenunterricht und die mit ihm implizit gegebene Voraussetzung der Vorstellung vom „Lernen aller Schüler im Gleichschritt" prägt nach wie vor das schulische Lernen in Deutschland.

Gleich mal ausprobieren
Planen Sie für die nächste Unterrichtseinheit ganz bewusst eine ungefähre Drittelverteilung der Grundformen ein und überlegen Sie:
- Welche Sachzusammenhänge sind für die Erarbeitung im Klassenverband am geeignetsten? Wo sind am ehesten Schwächen und Defizite zu erwarten, die alle Schüler Ihrer Klasse haben?
- Was kann, mit entsprechenden Lernplänen, in Kleingruppen erarbeitet werden? Sind z. B. Vertiefungs- oder Anwendungsphasen in gemeinsamer Arbeit sinnvoll und organisierbar?
- Was eignet sich für den individualisierten Unterricht am besten? Wo also können z. B. selbstorganisierte Lernsituationen optimal eingesetzt werden?

Das Prinzip des individuellen Förderns ist zwar grundsätzlich in allen drei Unterrichtsformen möglich, aber doch mit sehr deutlich voneinander getrennten Voraussetzungen:
- In der Sozialform des Klassenunterrichts und der Methode des frontalen fragend-entwickelnden Unterrichtsgesprächs sind individuelle Fördermaßnahmen im Regelfall ausgeschlossen. Defizite (und Stärken) können aber sehr effizient in der Lerngruppe und für diese insgesamt bearbeitet werden.
- In der Kleingruppenarbeit sind Fördermaßnahmen jederzeit möglich: in leistungshomogenen Gruppen durch entsprechende Pläne, in leistungsheterogenen auch durch ein Tutorensystem, in dem stärkere Schüler den schwächeren helfen (Tipp 74, 84, 94).
- Im individualisierten Unterricht hat jeder Schüler die Möglichkeit, seinen Lernprozess individuell zu gestalten. So kann er seine eigenen Stärken und Schwächen erkennen und schließlich Verantwortung für das eigene Lernen übernehmen.

> Wie individuell fördern?

> ❯ Tipp 74, 84, 94

3 GRUPPENBILDUNG STEUERN

Vorteile heterogener Klassen

Die situativ wechselnde Mischung aus Leistungsheterogenität und -homogenität ist einer der Gründe für das erfolgreiche Abschneiden der skandinavischen Schulsysteme bei internationalen Vergleichstests. Diese Tests legen nahe, dass Schüler mit gleichen Voraussetzungen sich dann besser entwickeln, wenn sie in heterogenen Regelklassen bleiben und nur in einzelnen Lernsituationen differenziert in Gruppen arbeiten, als wenn sie in einem dreigliedrigen Schulsystem in separierten Klassen unterrichtet werden.

- Die Schule kann so die Leistungsunterschiede verringern und zugleich ein hohes Durchschnittsniveau fördern.
- Zurückstellungen und Sitzenbleiben von Schülern ist nicht nur unnötig, sondern nutzlos und teuer.
- Die Schule kann Kinder aus Migrantenfamilien erfolgreicher fördern und angemessen bilden.
- Hohe Fachleistungen sind auch ohne Ziffernoten und zentrale Prüfungen erreichbar.

Achtung!

> Gruppenarbeit mit klaren Regeln und Absprachen darf nicht nur punktuell eingesetzt werden, denn dann benötigen die Schüler viel zu viel Zeit für die Gruppenbildung und -organisation, die ihnen für die effektive Lernzeit verloren geht.

Kriterien für die Gruppenbildung

Fassen Sie die Schüler der Lerngruppe je nach Unterrichtssituation immer wieder in neuen Gruppen zusammen.

Die Gruppenbildung kann nach den folgenden Kriterien erfolgen:

- Lernvoraussetzungen,
- Sozialformen,
- Unterrichtsmethoden und -medien,
- Unterrichtsinhalte,
- Ziele,
- Zufall.

Gleich mal ausprobieren:

Führen Sie die Gruppenbildung bei jedem Thema der Unterrichtseinheit nach einem anderen Kriterium durch, je nachdem, welche Fähigkeiten gefördert werden sollen.

Haben z.B. Schüler Probleme mit den gleichen fachspezifischen Elementen, so können sie gezielt in einer Gruppe unter Anleitung des Lehrers daran arbeiten.

Gibt es Spezialisten oder Experten für bestimmte Bereiche in der Klasse, so können diese gezielt den Gruppen zugeordnet werden, um ihr Wissen und Können an die anderen weiterzugeben (Tipp 85).

❱ Tipp 85

Auch leistungsheterogene Gruppen unterstützen sich bei ihrer gemeinsamen Arbeit aufs Beste, vorausgesetzt die kooperative Arbeit wurde systematisch geübt und kann von den Schülern mit Konzentration auf das Lernen umgesetzt werden (Tipp 45).

❱ Tipp 45

LERNANGEBOTE MACHEN 4

Individuelles Fördern gibt jedem Schüler die Chance, durch gut ausgewählte Lernangebote und Maßnahmen sein intellektuelles, emotionales, motorisches und soziales Potenzial umfassend zu entwickeln.

Geeignete Lernangebote entstehen aus der Überlegung, welche Angebote sich für die Lerngruppe am besten eignen, um allen einen möglichst hohen Lernerfolg zu sichern.

Geeignete Lernangebote = hoher Lernerfolg

Lernangebote können aus unterschiedlichen Lernarrangements, Instrumenten und Materialien/Medien bestehen (Tipp 5, 6, 7).

❱ Tipp 5, 6, 7,

Bewährte Maßnahmen sind:
- ausreichend Lernzeit zur Verfügung stellen,
- spezifische Fördermethoden einsetzen,
- angepasste Lernmittel verwenden,
- ggf. die Hilfe weiterer Personen mit Spezialkompetenzen hinzuziehen.

> Tipp 21

Pädagogische Förderarbeit ist an fachlich-inhaltliche, fachdidaktische und fachmethodische Sichtweisen und Arbeitsinstrumente gebunden. Ihre besondere Aufgabe, in der sie über die „normale" pädagogische Arbeit des Lehrers hinausgeht, besteht darin, die fachlichen Aufgaben und Problemstellungen auf die spezifischen Stärken (und selbstverständlich auch Schwächen) des einzelnen zu fördernden Schülers abzustimmen (Tipp 21).

5 FÖRDERN STATT AUSSORTIEREN

Lernen im Gleichschritt funktioniert nicht

Lernen im Gleichschritt, im gleichen Lerntempo und mit für alle gleichen Rahmenbedingungen kommt nur einem kleinen Teil einer Lerngruppe entgegen. Gleichgültig, wie weit der Abstand des jeweiligen Schülers vom vorgegebenen Lerntempo ist, die unterrichtlichen Inhalte erreichen ihn nicht mehr. Schon ein kleiner Lernrückstand reicht also aus, dass Schüler völlig den Anschluss zu verpassen und dem Unterrichtsgeschehen nicht mehr folgen können.

> **Achtung!**
> Wer einen Zug verpasst, bleibt auf dem Bahnhof zurück, gleichgültig, ob er zehn Sekunden oder zehn Minuten zu spät kommt.
> Lehrer sind aber keine Bahnhofsvorsteher, sondern eher Reiseleiter, und es gehört zu ihrer Aufgabe, jeden einzelnen Schüler möglichst weitgehend individuell zu unterrichten.

Tägliche Routine des Diagnostizierens, Förderns und Forderns

> Tipp 20

Um eine optimale Passung der Unterrichtsinhalte und -angebote an die Lernausgangslage von Schülern zu erreichen, sollte die tägliche Routine des Diagnostizierens, Förderns und Forderns im Schulalltag aber zum bewussten, methodisch kontrollierten und transparenten Prozess weiterentwickelt werden (Tipp 20).

Achtung!

Diagnosen können als Frühwarnsystem dienen, um rechtzeitig Präventionsmaßnahmen für lern- und entwicklungsgefährdete Schüler zu initiieren, zu planen und zu organisieren (Tipp 35, 50–59, 71, 72).

> Tipp 35, 50–59, 71, 72

Vorhandene Lern- und Leistungsprobleme können nur mithilfe von Diagnosekompetenzen erkannt, erfasst, benannt und behoben werden – als Mittel der Krisenintervention. Diagnosekompetenz bedeutet aber nicht nur, Diagnoseinstrumente handhaben zu können. Man muss auch Antworten auf die folgenden Fragen parat haben:

Diagnosekompetenz aufbauen

- Auf welcher Grundlage kann man überhaupt kompetent diagnostizieren?
- Wie reagiert man auf gewonnene Diagnoseergebnisse angemessen und förderlich?
- Was sind geeignete Arbeitsinstrumente und -mittel für das Diagnostizieren?
- Welche Handlungsspielräume hat man, um seine gewonnenen Erkenntnisse richtig und nachhaltig umzusetzen?
- Welcher Organisationsrahmen ist vorgegeben und welche Strukturen müssen berücksichtigt werden?

Um die Ecke gedacht

Keine Angst vor ungewohnten Schritten! Es geht keineswegs um eine künstlich oder dienstlich vorgegebene Aufblähung von Diagnosetätigkeiten, sondern um eine qualitative Verbesserung in Form der Entwicklung eines individuellen Beratungs- und Beurteilungssystems und der Schärfung des diagnostischen Blicks auf Prozesse und deren Bedingungen.

Ziel sollte nicht die Selektion sein, sondern primär die individuelle Beratung und Förderung:
- umfassende und individualisierte Förderprogramme,
- Sprachförderung als Angebot für jeden, der sie benötigt,

- keine Aussortierung bei Leistungsdefiziten, sondern gezielte professionelle und individuelle Förderung,
- neue handlungsorientierte Unterrichtskonzepte zur Verringerung von Leistungsunterschieden,
- Lerndiagnosen und daraus abgeleitete gezielte Förderungen für ein hohes Durchschnittsniveau.

So könnten sich daraus z. B. entwickeln:
- Konzepte zur Förderung der Sprachkompetenz bei Migranten,
- Vereinbarungen statt Verordnungen auf der Schulträgerebene,
- Qualitätsentwicklung und -sicherung anstelle von bürokratischen Reglementierungen,
- Professionalisierung der Lehrerarbeit durch kontinuierliche Evaluation der jeweiligen Schulpraxis,
- eine lern- und entwicklungspsychologische Grundausbildung für alle Lehrer,
- regelmäßige Fortbildungen zur Stärkung der Diagnosefähigkeit, Interventions- und Förderkompetenz.

6 LERNARRANGEMENTS PLANEN

Gezielte Vorbereitung

- Welches Lernarrangement eignet sich für welche fachlichen Inhalte und für welche Lerngruppe?
- Welche Lernvoraussetzungen bringen die Schüler mit?
- Muss ich ein Lernarrangement planen, das sehr individuell auf einzelne Schüler zugeschnitten ist?
- Kann ich mehrere Schüler mit ähnlichen Voraussetzungen zu arbeitsfähigen Teams zusammenfassen?
- Welche Ziele möchte ich mit den Schülern in der nächsten Unterrichtseinheit, dem nächsten Projekt oder auch mit dem nächsten Thema erreichen?

All diese Fragen sollte man sich bei der täglichen Unterrichtsvorbereitung stellen und am besten auch schriftlich beantworten.

Gleich mal ausprobieren
Mithilfe einer Mindmap, eines Clusters oder einer Lernlandkarte (Tipp 27) lassen sich die Fragen oben gezielt beantworten und strukturiert festhalten.
So erhält man gleich einen Überblick, wo die Zusammenhänge stimmig sind oder wo man noch nachbessern sollte.

❯ Tipp 27

Fördermöglichkeiten in Lernarrangements
Welche Lernarrangements gibt es und wofür sind sie geeignet (Tipp 2)?

❯ Tipp 2

Individualisierender Unterricht		
Lernarrangement	Lernvoraussetzungen	Fördern
Stationsarbeit – Lerntheke – Lernzirkel	sehr unterschiedlich, vielschichtig, zahlreiche Schwerpunkte	einzelne Stationen, ausgehend von den Lernvoraussetzungen
Werkstattarbeit – Angebotstische – Lernlandkarten	unterschiedlich, Gruppierungen möglich, Schwerpunktbildungen	Angebote mit Wahlmöglichkeiten, Interessen der Schüler berücksichtigen
Planarbeit – Arbeitspläne – Plan der Lerneinheit – Studienplan	Heterogenität im fachlichen, methodischen, organisatorischen, zeitlichen Bereich	Tages-, Wochenarbeitspläne gezielt entwickeln, mit Pflicht- und Wahlaufgaben
Freiarbeit – Themenbörse – Lerntagebücher	sehr unterschiedliche Interessen, Wissensstände, Fähigkeiten und Fertigkeiten	freie Angebote und Vorschläge der Schüler, Lehrer als Berater bei Problemen
Computerarbeit – Lernprogramme – Fördern/Fordern online	standardisierte und nicht standardisierte Tests	Umsetzung der Testdaten, Möglichkeiten des Computereinsatzes im Unterricht oder zu Hause

Kooperativer Unterricht

Lernarrangement	Lernvoraussetzungen	Fördern
Projektarbeit – Vorhaben – Projekte	Kenntnisse im Bereich des selbstständigen Arbeitens und Teamfähigkeit	bewusste, zielgerichtete Gruppenzusammenstellung, Schüler entwickeln kooperative Selbstverantwortung
Teamarbeit – Gruppenpuzzle – Zukunftswerkstatt	Sozialkompetenz, unterschiedliche fachliche Schwerpunkte, Empathie	systematisch aufbauend ein- und umsetzen, Gemeinsamkeiten erkennen und stärken
Theaterarbeit – Aufführung – Darstellendes Spiel	motorische, kommunikative Fähigkeiten, Selbstdarstellung	Entwicklung und Stärkung des Selbstwertgefühls durch zugewiesene oder selbst gewählte „Rollen" und Darstellungen

Gemeinsamer Unterricht

Lernarrangement	Lernvoraussetzungen	Fördern
Lehrgang – Lehrgespräch – Demonstration	sehr unterschiedlich, an einem gemeinsamen Thema arbeiten und es erarbeiten	individuelle Aufgabenstellungen und Arbeitsmaterialien
Präsentation – Vortrag – Referat	Selbstdarstellung, Sprachkompetenz	systematisch aufbauen trainieren und umsetzen

Achtung!
Auch Feste und Feiern können Sie als Form des kooperativen Unterrichts nutzen!

7 FÖRDERINSTRUMENTE FINDEN

Passgenaue Instrumente sind „Werkzeuge" zur Hervorbringung und Weiterentwicklung individueller Fähigkeiten und Fertigkeiten.

Achtung!

> Um ein Werkzeug oder Instrument nutzen zu können, sind gewisse Kompetenzen erforderlich – ein Skalpell ist in der Hand des medizinisch Ungebildeten ebenso nutzlos wie eine Geige für denjenigen, der die Fertigkeiten des Geigespielens nicht erlernt hat.
> Mithilfe der Instrumente eignen sich die Schüler Wissen, Fähigkeiten und Fertigkeiten an. Das damit verbundene Ziel ist, den Lehrer überflüssig zu machen, denn erst dann, wenn die Schüler gelernt haben, die Werkzeuge und Instrumente selbstständig sinnvoll und angemessen einzusetzen, sind sie auf eine Anleitung durch den Lehrer nicht mehr angewiesen.

Jedes Instrument bietet spezifische Zugangs- und Handlungsmöglichkeiten in Bezug auf die individuelle Förderung der Schüler.

- Instrumente zum individualisierenden Unterricht:
  z. B. Arbeitspläne, Lernlandkarten, Lernjournale, Lernzirkel, Lernprogramme;
- Instrumente zum kooperativen Unterricht:
  z. B. Projekte und Vorhaben, Gruppenpuzzle, Darstellendes Spiel;
- Instrumente zum gemeinsamen Unterricht (Frontalunterricht):
  z. B. Vortrag, Demonstration, Lehrgespräch, Klassengespräch, Präsentation.

Klären Sie vor jeder Unterrichtseinheit in Bezug auf die Lernangebote, welches Instrument zu ihrem Lernarrangement passt.

- Welche Herausforderungen hält das Instrument für die Lernenden bereit?
- Wie sieht die Schülerrolle und wie die Lehrerrolle aus?
- Wie ist das Verhältnis von Lehrer- und Schülerposition beim Einsatz dieses Instruments?
- Welche Veränderungen und Dynamiken lässt es zu, welche traditionellen Verkrustungen können aufgehoben werden?
- Welche Schwächen können beim Einsatz des Instruments auftreten, welche Schwierigkeiten sind denkbar?
- Unter welchen Umständen kann der Einsatz gänzlich scheitern?

Gleich mal ausprobieren

> Tipp 2

Planen Sie jeweils für einen gewissen Zeitraum, wie Sie in Ihrem Unterricht eine angemessene Mischung der drei Grundformen (Tipp 2) realisieren können. Wenn Sie sich des Weiteren überlegen, welche Kompetenzen die Schüler in Ihrem Unterricht erwerben sollen und durch welche Materialien und Medien das am ehesten zu erreichen ist, dann ergibt sich die Wahl des Instrumentes aus Ihren diesbezüglichen Erkenntnissen.

Nutzen Sie die folgenden Planungsschritte:
1. Lernvoraussetzungen der Schüler bestimmen.
2. Unterrichtsinhalte festlegen.
3. Ziele auf den verschiedenen Ebenen formulieren: Handlungs-, Selbst-, Sozial-, Methoden-, Fach- und Entscheidungskompetenzen.
4. Vorab klären, welche Instrumente sich angesichts der Lernvoraussetzungen der einzelnen Schüler optimal eignen.
5. Planung der Unterrichtsorganisation, des Medien- und Materialieneinsatzes.
6. Durchführung des Unterrichts.
7. Evaluation, Schülerfeedback, Veränderung, Vertiefung, Verfestigung – ggf. übendes Wiederholen zur Intensivierung der Lerninhalte.

Wählen Sie die für Sie geeigneten Instrumente aus und bringen Sie sie so oft wie möglich zum Einsatz!

DEN INTELLIGENZBEGRIFF ERWEITERN 8

Ilse Brunner und Erika Rottensteiner haben Beobachtungsbögen entwickelt, die auf dem Prinzip der multiplen Intelligenzen beruhen und zum Ziel haben, die jeweiligen Stärken der Schüler den einzelnen Intelligenzbereichen zuzuordnen.

Um die Ecke gedacht

Gefragt, was man unter „Intelligenz" zu verstehen habe, werden die meisten Kollegen kognitive Kompetenzen anführen wie beispielsweise logisches Denken, kombinatorische Fähigkeiten, Abstraktionsvermögen usw. Diese Sichtweise ist natürlich nicht falsch, verstellt aber den pädagogischen Blick auf die anderen Formen menschlicher Intelligenz.

Brunner/Rottensteiner nennen neben der logisch-mathematischen Intelligenz („Logikklug") sieben weitere mögliche Ausprägungen von Intelligenz:

Mögliche Ausprägungen von Intelligenz

- Wortklug: sprachlich-linguistische Intelligenz,
- Musikklug: musikalisch-rhythmische Intelligenz,
- Bilderklug: bildlich-räumliche Intelligenz,
- Körperklug: körperlich-kinästhetische Intelligenz,
- Naturklug: naturalistische Intelligenz,
- Selbstklug: intrapersonale Intelligenz,
- Menschenklug: interpersonale Intelligenz.

Gleich mal ausprobieren

Die verschiedenen Intelligenzen können Sie konkret beobachten:
- Wortklugheit: erzählt gern Geschichten, spielt gern Wortspiele, liebt Reime, Zungenbrecher und Ähnliches.
- Musikklugheit: spielt ein Instrument, spricht und bewegt sich rhythmisch.
- Bilderklugheit: liebt alles, was mit Kunst zu tun hat, zeichnet Figuren usw. in seine Hefte.

- Körperklugheit: liebt es, Dinge zu zerlegen und wieder zusammenzusetzen, findet Spaß daran, zu laufen, zu springen, zu kämpfen, Freunde anzustoßen usw.
- Naturklugheit: sammelt Insekten, Blüten usw., ist lieber im Freien als in der Klasse.
- Selbstklugheit: ist unabhängig und hat einen starken Willen, spielt und lernt gern allein.
- Menschenklugheit: ist gern mit Mitschülern zusammen, ist als Gesprächspartner sehr beliebt.

9 Lerntypen-Test durchführen

Lernen mit allen Sinnen

Die Art und Weise, wie der Mensch am besten lernt, ist in vielen Untersuchungen erforscht worden. Die Ergebnisse all dieser Lernforschungen zeigen, dass wir dann erfolgreich lernen, wenn möglichst viele Sinne beteiligt sind. Eine entscheidende Voraussetzung für erfolgreiches Lernen ist die Fähigkeit, Dinge und Vorgänge zu erkennen und gedanklich zu verarbeiten – also die Wahrnehmungsfähigkeit. Diese Fähigkeit führt zum Denken, dem Speichern der Information und damit zum Lernen: Gespeicherte Informationen sind abrufbar.

Achtung!

Die 100 Jahre alte Forderung des Schweizer Pädagogen Johann Heinrich Pestalozzi nach „Lernen mit Kopf, Herz und Hand" ist in unserer „verkopften" Schullandschaft noch lange nicht realisiert. Im Gegenteil, das „normale" schulische Lernen im frontalen, fragend-entwickelnden Unterrichtsgespräch bevorzugt völlig einseitig den kognitiv orientierten auditiven und visuellen Lerntypus. Schüler, die zum Beispiel dann etwas optimal verstehen, wenn sie es anfassen können (die also zum „haptischen" Lerntyp zählen), haben bei dieser Form der Unterrichtsorganisation kaum eine Chance.

Gleich mal ausprobieren

Führen Sie einen Lerntypentest durch!

Lerntypen-Test
Du kannst dir nun klarmachen, wie viel du auf unterschiedlichen Wegen behältst.
Kreuze im jeweiligen Kästchen
die **3** an, wenn du dadurch *viel* behältst,
die **2** an, wenn dir auf diesem Weg *manches* im Gedächtnis bleibt,
die **1** an, wenn du bei diesem Vorgang nur *wenig* behältst.

		3	2	1
1.	Du liest einen Text ein paar Mal durch.			
2.	Dein Lehrer trägt längere Zeit etwas vor.			
3.	Du siehst einen Film im Erdkundeunterricht.			
4.	Du baust eine elektrische Schaltung auf.			
5.	Du liest die englischen Vokabeln ein paar Mal durch.			
6.	Du schlägst ein Wort im Wörterbuch nach.			
7.	Du fertigst zu einem Thema eine Zeichnung an.			
8.	Ein Mitschüler erklärt dir etwas.			
9.	Du schaust dir die Abbildung im Lehrbuch genau an.			
10.	Du schreibst die englischen Vokabeln auf.			
11.	Der Lehrer erklärt dir etwas.			
12.	Der Lehrer macht dir eine Turnübung vor.			
13.	Die neuen Regeln hängen auf großen Plakaten im Klassenraum.			
14.	Du siehst im Fernsehen ein Musikvideo.			
15.	Du hörst einen Sketch.			
16.	Du schreibst aus einem Text Stichwörter heraus.			

Auswertung: Punkte von	Summe	Lernart	Platz
4 + 7 + 10 + 16			
1 + 5 + 6 + 13			
3 + 9 + 12 + 14			
2 + 8 + 11 + 15			

Aus: Realschule Enger, 2001.

Unterschiedliche Lernwege nutzen

Die Ergebnisse des Lerntypentests sind die Grundlage für ein Wahrnehmungstraining, das darauf abzielt, ein ausgewogenes Verhältnis im Gebrauch der unterschiedlichen Lernwege zu entwickeln und individuell optimal zu nutzen. Jeder Lehrer sollte sich darüber klar werden, dass es verschiedene Lerntypen gibt. Deshalb ist es so wichtig, allen Schülern individuelle Wege zu ermöglichen, um Informationen aufzunehmen, zu verstehen, zu begreifen, möglichst lange zu behalten und bei entsprechender Gelegenheit abzurufen und sie auf unterschiedliche Art und Weise zu präsentieren.

10 Lernausgangslage bestimmen

Voraussetzung für individuelles Fördern ist die genaue Kenntnis dessen, was der Schüler bereits kann, welches Wissen, welche Fähigkeiten und Fertigkeiten er – beispielsweise aufgrund der Lernerfolge in der vorherigen Klassenstufe – mitbringt und über welche Kompetenzen er verfügt.

Voraussetzungen und Lernziel festlegen

Als Lehrer muss man sich also zunächst einmal darüber klar werden, welche Voraussetzungen auf Schülerseite für die Bewältigung des Stoffes vorliegen müssen und was während der Einheit gelernt werden soll.

> **SOS-Tipp**
>
> Sie kommen am Schuljahresanfang in eine neue Klasse. Etwa 30 Gesichter schauen Sie erwartungsvoll an. Sie beginnen mit Fragen zum Stoff der letzten Klassenstufe und sind entsetzt, dass offensichtlich (fast) nichts hängengeblieben ist. Guter Rat ist teuer. Was tun? 80 % des Stoffes der letzten Klasse wiederholen? Oder die augenscheinlichen Defizite einfach ignorieren?
> Eine sinnvolle Alternative ist ein Lernausgangstest zur ersten Einheit des neuen Schuljahres.

Gleich mal ausprobieren

Im Deutschunterricht einer 9. Klasse sollen am Schuljahresanfang Kurzgeschichten behandelt werden. Um die Fähigkeiten der Schüler in Bezug auf Textarbeit zu prüfen, sucht der Lehrer eine geeignete Kurzgeschichte aus und stellt zu ihr Aufgaben wie z. B:
- Lies die Geschichte und notiere in Stichworten spontan deine ersten Eindrücke.
- Unterstreiche alle Wörter oder Sätze, die dir für die Deutung der Geschichte wichtig erscheinen.
- Beschreibe, wie diese unterstrichenen Formulierungen auf dich wirken.
- Bestimme die Erzählperspektive.
- Wird in der Geschichte ein Konflikt dargestellt?
- Wird eine Lösung dieses Konfliktes angeboten?

Die auf den Test aufbauende Lernausgangsdiagnose sollte folgende Fragen aufgreifen:
- Welches Alltagswissen ist bei den Schülern vorhanden und wie kann daran im Unterricht angeknüpft werden?
- Welches Fachwissen muss vorhanden sein?
- Welche Begriffe bzw. Fakten müssen die Schüler kennen?
- Über welche methodischen Kompetenzen müssen die Schüler verfügen?
- Wo liegen die häufigsten Ursachen für Fehler und Missverständnisse?

Die Auswertung des Tests kann sich an den folgenden Leitfragen orientieren: **Leitfragen für die Testauswertung**
- Welche sind die wichtigsten Sachverhalte, die in den Testergebnissen zum Ausdruck kommen?
- Was war überraschend?
- Welche neuen Überlegungen ergeben sich aus den Ergebnissen?
- Welche nächsten Schritte erscheinen angesichts der Lernausgangslage am zweckmäßigsten (Tipp 50, 52, 57)?   ❯ Tipp 50, 52, 57

11 SUBJEKTIVE DIAGNOSEN BEWUSST MACHEN

Diagnosekompetenz bezeichnet die Fähigkeit von Lehrern, nach festgelegten Kriterien angemessene Urteile über das Lern- und Leistungsverhalten ihrer Schüler abzugeben. Diagnosekompetenz ist insbesondere für die Förderung lernschwacher Schüler nötig. In der akademischen Ausbildung werden angehende Lehrer im Regelfall wenig bis gar nicht auf diese Tätigkeit vorbereitet. Da Unterricht aber nur funktionieren kann, wenn der Lehrer sich in einem permanenten Rückkoppelungsprozess mit seinen Schülern befindet, bleiben einem die parallel dazu verlaufenden Diagnoseprozesse häufig unbewusst.

Diagnoseprozesse häufig unbewusst

> **Achtung!**
> Lehrer entwickeln im Laufe ihres Berufslebens hochautomatisierte Diagnoseroutinen, z. B.:
> - bei der spontanen Reaktion auf körpersprachliche Signale der Schüler (Mimik: interessiertes, verständnisloses Gesicht ...; Gestik: Kopfnicken, Kopfschütteln, Gesten der Hilflosigkeit oder Überforderung ...),
> - bei eigenen Nachfragen: von der bewussten und gezielten Lehrernachfrage über knappe Abfragen wie „Kapiert?" bis zu angehängten Phrasen wie „Nicht wahr?", „Klar?", „Ne?" ...,
> - beim Unterbrechen mitten im Satz oder einer Aussage (z. B. in einem Lehrervortrag) und spontanem Umformulieren der „Restinformation" in eine Lehrerfrage.

In der komplexen Unterrichtssituation gibt es keine Trennung zwischen Unterrichtsplanung, -durchführung und subjektiver Diagnostik. Im Gegenteil, diese Bereiche werden permanent eng miteinander verknüpft. Um vom subjektiven zum pädagogisch (einigermaßen) objektiven Diagnostizieren zu gelangen, ist aber genau diese bewusste Trennung notwendig. Das bedeutet, gezielt das eigene diagnostische Wissen und Können zu trainieren.

> **Gleich mal ausprobieren**
> Entwickeln Sie einen auf Sie selbst zugeschnittenen Beobachtungsbogen, der z.B. die oben skizzierten Routinen auflistet, und versuchen Sie, während des Unterrichts (z.B. in Stillarbeitsphasen) oder unmittelbar danach ihr eigenes Verhalten zu reflektieren, indem Sie in diesem Bogen notieren, wie oft und welchen Schülern gegenüber Sie welche Verhaltensweisen an den Tag gelegt haben.

„Subjektive" wie „objektive" Diagnosen haben identische Ziele:
- Die optimale individuelle Förderung und Forderung der Lernenden.
- Die Entwicklung und Erweiterung des Wissens, der Fähigkeiten und der Fertigkeiten.
- Die Anpassung der Lehr- und Lerninhalte und der pädagogischen Angebote an die Schüler unter Bezugnahme auf ihre Lernvoraussetzungen.

Diagnoseziele

Je systematischer und „objektiver" Sie beobachten, desto größer ist die Chance, den Schüler wirklich optimal zu fördern (Tipp 49, 70, 71).

❯ Tipp 49, 70, 71

SUBJEKTIVE DIAGNOSEN AUFDECKEN

12

Mit diesen Schritten können Sie herausfinden, inwiefern sich Ihre subjektiven Einschätzungen von den tatsächlichen Schülerleistungen unterscheiden (Tipp 49, 66, 67, 71). Lernpläne, die auf dieser Grundlage entwickelt werden, fördern Ihre Schüler passgenauer und besser.

❯ Tipp 49, 66, 67, 71

1. Auswahl eines Schülermerkmals oder eines Satzes von Aufgaben (z.B. Lesekompetenz, Verständnis mathematischer Textaufgaben, Leistungsängstlichkeit, konkrete Aufgaben usw.)

LERNAUSGANGSDIAGNOSE

2. Erhebung der tatsächlichen Schülerleistung bzw. des Merkmals (z. B. durch Tests, Fragebögen, einzelne Aufgaben usw.: Daten als Maßstab zur Berechnung der Genauigkeit der Einschätzungen) (Tipp 10)

> Tipp 10

3. Persönliche Prognose
Wann? vor der Leistungserhebung oder zeitgleich
Was? Prognose des mutmaßlichen Ergebnisses
Wie? Verdeutlichung der eigenen Orientierung
Wozu? Verbesserung der Diagnosefähigkeit

Vergleich zwischen Schätzung und empirischem Befund

4. Vergleich zwischen Schätzung und empirischem Befund (Differenz zwischen der mittleren Ausprägung des zur Debatte stehenden Schülermerkmals und der entsprechenden mittleren Einschätzung/persönlichen Prognose)
5. Analyse von Diskrepanzen
(Suche nach Gründen für erwartungswidrige Ergebnisse: Diagnostisches Wissen (über Unterschiede in der Ausprägung bestimmter Schülermerkmale) wird mit Wissen über Ursachen solcher Unterschiede verknüpft.
6. Lernpläne/Lernvereinbarungen
(angelehnt an: Helmke 2003, 99)

13 DIAGNOSESCHRITTE

Vollziehen Sie die Diagnose in drei Schritten:
1. Fachliche und fachdidaktische Zielbestimmung
2. Datenerhebung und -aufbereitung
3. Datenauswertung und -interpretation

Achtung!
„Beobachten kann doch jeder!" Dieser Einstellung begegnet man auch in Kollegenkreisen des Öfteren. Fachleute aber unterscheiden zwischen der spontanen, „naiven" und der systematisch untersuchten, gelenkten Beobachtung – und nur die zweite Form der Beobachtung kann einem konkreten Diagnosezweck dienen.

1. Fachliche und fachdidaktische Zielbestimmung
   Die Grundorientierung liefern die Bildungsstandards und Kerncurricula, die von der Kultusministerkonferenz sowie den Kultusbehörden formuliert wurden (Tipp 1). Wichtige Diagnosefragen sind:
   - Welche Begriffe müssen verstanden und welche Fakten müssen bekannt sein, damit ein bestimmtes Lernangebot genutzt wird?
   - An welche Art von Wissen kann man anknüpfen?
   - Wo liegen die Quellen für Missverständnisse?
   - Welche Veranschaulichungsformen können angeboten werden?
   (in Anlehnung an Stern 2004, 39)

   Fachliche und fachdidaktische Zielbestimmung
   ❯ Tipp 1

2. Datenerhebung und -aufbereitung
   Bedingungen für die Datenerhebung und -aufbereitung sind:
   - Methodische Kontrolle
   - Berücksichtigung der Gütekriterien Objektivität, Validität und Reliabilität (Tipp 64, 65)

   Datenerhebung und -aufbereitung
   ❯ Tipp 64, 65

3. Datenaufbereitung und -interpretation
   Orientieren Sie sich an folgenden Leitfragen:
   - Welche sind die wichtigsten Sachverhalte?
   - Was war überraschend?
   - Welche neuen Fragen, Sichtweisen, Annahmen, Ideen legt das Datenmaterial nahe?
   - Welche nächsten Schritte erscheinen angesichts des Materials am zweckmäßigsten (Tipp 14)?

   Datenaufbereitung und -interpretation
   ❯ Tipp 14

14 Fokus auf Auffälligkeiten

› Tipp 74

Klassengrößen von 30 und mehr Schülern lassen oft aus purem Zeitmangel kein ausführliches Eingehen auf die individuellen Lernbedürfnisse aller Schüler zu (Tipp 74). Daher sollten Sie zunächst die extremsten Abweichungen nach oben und unten in den Fokus der pädagogischen Aufmerksamkeit stellen.

> **Achtung!**
> Auffälligkeiten können sich nur auf der Basis bestimmter Erwartungen ergeben. Es ist also zwingend notwendig, dass man sich als Lehrer vor dem Beginn eines Tests die vermuteten Ergebnisse vergegenwärtigt (am besten schriftlich), um dann abgleichen und die „aus dem Ruder laufenden" Resultate herausfinden zu können. Dies ist der erste wichtige Schritt in Richtung Förderung des individuellen Lernens!

Grundlagentest

Mit Blick auf die Lehrpläne lässt sich für Teilbereiche eines Faches oder einer Unterrichtseinheit relativ einfach ein Testbogen formulieren, der die Grundlage für die weitere Arbeit bildet.

> **Gleich mal ausprobieren**
> Zu Beginn der 7. Klasse sollen die Leistungen im Bereich „Texterschließung fiktionaler und pragmatischer Texte" überprüft werden. Als ausgesprochen hilfreich erweist sich ein Blick in die verbindlichen Lehrpläne, in denen die einzelnen Kompetenzen, über die Schüler am Ende des 6. Jahrgangs verfügen müssen, exakt aufgelistet sind.
> Registriert werden nur die deutlichen Abweichungen nach unten und oben. Übrig bleiben auf diese Weise zwölf Schüler, die nach unten abweichen, sowie zwei Abweichungen nach oben.
> Im Rahmen mehrerer Gesprächsrunden werden die einzelnen „auffälligen" Schüler in den Blickpunkt genommen und

es wurden Ursachen ihrer vermuteten Leistungsmängel bzw. der besonderen Begabung diskutiert. Als hilfreich erweisen sich dabei diese Informationsquellen:
- Kollegen, die die Klasse vorher unterrichtet haben, insbesondere der frühere Klassenlehrer,
- Befragungen der Schüler selbst, die in offener und freundlichen Atmosphäre ohne „Verhörcharakter" stattfinden,
- ebensolche Gespräche mit den Eltern.

Schülerselbstdiagnose

15

Lehrer trauen Schülern oft wenig zu. Dieses Misstrauen macht sich besonders breit, wenn es um die Eigendiagnose geht, wenn Schüler also selbstständig und ohne Kontrolle durch den Lehrer ihr eigenes Leistungsniveau, ihre Kenntnisse und Kompetenzen einschätzen sollen (Tipp 50).
Dafür gibt es keinen Grund! Schüler sind schon früh, spätestens mit Beginn der Sekundarstufe, in der Lage, das eigene Leistungsvermögen realistisch zu beurteilen (Tipp 52).

❯ Tipp 50
Schüler beurteilen sich meist realistisch

❯ Tipp 52

Achtung!
Bei jeder Form der Selbstdiagnose durch Schüler muss absolut klar sein, dass die Resultate auf gar keinen Fall in die Notengebung einfließen dürfen (Tipp 69)! Wenn die Schüler wissen, dass der selbstdiagnostizierte Leistungsstand notenrelevant ist, werden die Ergebnisse von vornherein verfälscht und damit unbrauchbar.

❯ Tipp 69

Beispiel:
Im Deutschunterricht der 7. Klasse geht es um die Funktion der Erzählperspektive für die Interpretation einer Geschichte. Sie suchen eine geeignete Geschichte aus dem Schulbuch aus, lassen die Schüler die Geschichte aus einer anderen Perspektive schreiben und geben ihnen den folgenden Selbstdiagnosebogen.

Selbstdiagnosebogen			
	−1	0	1
Ist der Perspektivenwechsel richtig erfasst, wird also die Handlung wirklich aus der vorgegebenen Sichtweise erzählt?			
Passt die Überschrift zur Geschichte?			
Hast du eine Einleitung und einen Schluss geschrieben?			
Ist die Handlung in der richtigen Reihenfolge dargestellt?			
Hat die Geschichte einen Spannungsbogen und einen Höhepunkt?			
Ist der Witz (die Pointe) der Geschichte erfasst?			
Hast du die Gefühle und Gedanken des Erzählers dargestellt?			
Hast du die wörtliche Rede als belebendes Stilmittel verwendet?			
Hast du die richtige Erzählzeit gewählt?			
Hast du dich um eine abwechslungsreiche und die Spannung steigernde Wortwahl bemüht?			
Erläuterung des Punktesystems: −1 bedeutet: Habe ich überhaupt nicht hinbekommen. 0 bedeutet: Geht so. 1 bedeutet: Ist mir gut gelungen.			

SOS-Tipp

Die Arbeit mit Selbstdiagnosebögen integriert die Schüler in den Lernprozess und entlastet den Lehrer.

16 LERNVERHALTEN DIAGNOSTIZIEREN

Der Begriff „Lernverhalten" beschreibt die innere Einstellung des Schülers zum Lernen. Kategorien, mit denen dieses Verhalten erfasst werden kann, sind:

Kategorien des Lernverhaltens

- Wahrnehmungsfähigkeit
  (z. B. detailgenaue Beschreibungsfähigkeit, präzise Fehlersuche und -identifizierung sowie die Fähigkeit, Unterschiede oder Gemeinsamkeiten beim Vergleich von Bildern, Texten und mathematischen Reihen aufzudecken),
- Wiedergabefähigkeit
  (z. B. gutes Erinnerungsvermögen, Wiedergabe und Beschreibung von Sachverhalten, Abläufen, Strukturen, Versuchsaufbauten, Texten),
- Ausdrucksvermögen
  (z. B. ein angemessen großer Wortschatz, die Fähigkeit zur anschaulichen Erklärung),
- Übertragungsfähigkeit
  (z. B. die Fähigkeit, Bekanntes auf Unbekanntes zu übertragen, gelernte Regeln auf neue Sachverhalte zu übertragen),
- Beurteilungsfähigkeit
  (z. B. die Fähigkeit, das Wesentliche zu erfassen, zwischen Darstellung und Kritik zu unterscheiden, Widersprüche in Schlussfolgerungen zu erkennen).

Achtung!

Lernverhalten zu diagnostizieren, ist keineswegs gleichbedeutend mit der Bestimmung der jeweiligen Lernausgangslage (Tipp 10). Es geht nicht um die Feststellung vorhandener Kenntnisse und Kompetenzen in einem bestimmten Fach einer Jahrgangsstufe und Schulform mithilfe eines Tests, sondern um Ihre Beobachtungen der Lerneinstellung des Schülers. Da diese Beobachtungen einen längeren Zeitraum in Anspruch nehmen, steht auch immer die Entwicklung im Fokus der Diagnose, die ein Schüler währenddessen macht (Tipp 51, 57).

❯ Tipp 10

❯ Tipp 51, 57

LERNAUSGANGSDIAGNOSE

> Tipp 71

Gleich mal ausprobieren

Entwickeln Sie einen Lernverhaltensbogen oder eine ähnliche Form der Gedächtnisstütze, um Ihre Schüler im Unterricht gezielt zu beobachten. Die oben angegebenen Kategorien können Ihnen dabei als Strukturierungshilfe dienen (Tipp 71).

Lernverhalten in verschiedenen Fächern

Für die Fächer Kunst, Musik, Darstellendes Spiel und Sport kann als weiteres Kriterium der Diagnose des Lernverhaltens das praktische, psychomotorische Geschick gelten:
- Kann der Schüler seine Bewegungen gut koordinieren?
- Besitzt er manuelle, feinmotorische Geschicklichkeit?
- Hat er ein ausgeprägtes Rhythmusgefühl?

17 ARBEITSVERHALTEN DIAGNOSTIZIEREN

> Tipp 18

Wie das Sozialverhalten (Tipp 18) geht das Arbeitsverhalten mittlerweile in einer Reihe von Bundesländern in die sogenannte „Kopfnote" von Zeugnisse ein und ist damit Teil der offiziellen Schulzensuren. Das Arbeitsverhalten kann unter diesen Aspekten erfasst und beschrieben werden:

Kategorien des Arbeitsverhaltens
- Sorgfalt und Zuverlässigkeit
  (z. B. die regelmäßige Erledigung aller Hausaufgaben, das Mitbringen aller Arbeitsmaterialien sowie sorgfältige, zielgerichtete und präzise Arbeit),
- Arbeitsorganisation
  (z. B. sinnvolle Gliederung der eigenen Arbeit, gute Zeiteinteilung, Formulierung von Zwischenzielen),
- Konzentration und Ausdauer
  (z. B. gleichmäßige Arbeit auch über längere Zeiträume, eine hohe „Störresistenz"),
- Selbstständigkeit
  (z. B. eigenständige Arbeit auch ohne Kontrolle durch den Lehrer, selbstständige Planung und Durchführung der Arbeit, eigenständige Informationsbeschaffung).

Achtung!

Bei der Deutung der eigenen Beobachtungsergebnisse sind die naheliegenden Vermutungen nicht immer die richtigen (Tipp 19)! Das macht die Sache leider nicht einfacher, ist aber nicht zu vermeiden. Deshalb sollten Sie alle Ergebnisse, die Ihnen nicht eindeutig erscheinen, noch einmal überdenken und z. B. Kollegen oder Fachleute aus anderen Bereichen (Schulpsychologen, Sozialpädagogen, Lernberater) hinzuziehen (Tipp 46).

❯ Tipp 19

❯ Tipp 46

Gleich mal ausprobieren

Entwickeln Sie einen Arbeitsverhaltensbogen oder eine ähnliche Form der persönlichen Gedächtnisstütze, um Ihre Schüler im Unterricht gezielt zu beobachten. Die oben genannten Kategorien können dabei als Strukturierungshilfe dienen.

Arbeitsverhalten und Sozialverhalten lassen sich nur schlecht sauber voneinander trennen, die Übergänge sind fließend, denn in der Schule wird eben immer auch in der Gruppe gelernt (Tipp 45). Da die folgende Kategorie aber „etwas mehr" zum Arbeitsverhalten tendiert, ist sie hier aufgeführt. Es spricht aber grundsätzlich nichts dagegen, sie auch im Bereich Sozialverhalten anzusiedeln.

Arbeits- und Sozialverhalten bedingen sich

❯ Tipp 45

- Interesse und Engagement
  (z. B. die freiwillige Übernahme von Arbeit, der Wunsch, das eigene Wissen zu erweitern, Eigeninitiative, Anregungen und Vorschläge vor der Klasse oder Arbeitsgruppe).

SOZIALVERHALTEN DIAGNOSTIZIEREN

18

Das soziale Verhalten eines Schülers innerhalb der Klasse oder Lerngruppe kann mit den folgenden Beobachtungsschwerpunkten erfasst, analysiert und daraufhin auch beschrieben werden.

Kategorien des Sozialverhaltens

- Hilfsbereitschaft
  (z. B. die Fähigkeit des Schülers, Wünsche, Bedürfnisse und Ansprüche der anderen zu akzeptieren und die eigenen zumindest zeitweise zurückzustellen, Schwächere zu schützen, freiwillig Aufgaben zu übernehmen),
- Soziale Sensibilität und Integrationsfähigkeit
  (z. B. die Fähigkeit, Stimmungen der Mitschüler wahrzunehmen und darauf angemessen zu reagieren, Bedürfnisse anderer zu erkennen und die eigenen Befindlichkeiten zu äußern, das Bemühen, in der Gruppe alle Meinungen zu hören und sich an vereinbarte Regeln zu halten),
- Konfliktfähigkeit
  (z. B. das Bemühen, faire Lösungen zu suchen, nach Konfliktursachen zu fragen, nicht nachtragend zu sein),
- Kritikfähigkeit
  (z. B. die Bereitschaft, Kritik offen zu äußern, aber auch Kritik an sich selbst anzuerkennen und sein Verhalten entsprechend zu ändern).

Um die Ecke gedacht

Kontaktfähigkeit bezieht sich auf die Fähigkeit, leicht sozialen Anschluss zu finden, häufig mit wechselnden Mitschülern zu arbeiten, in den Pausen mit anderen zu sprechen, viele Freunde zu haben ...
Aber Vorsicht! Hier gehen viel zu leicht eigene (Vor-)Urteile in den Bewertungsprozess ein. Ist denn charakterlich bedingte Introvertiertheit automatisch schlechter als Kontaktfreude? Ist derjenige, der wenige, aber gute Freunde (vielleicht nur einen einzigen) hat, wirklich negativer zu bewerten? Ist derjenige Schüler, der viele Freunde hat, vielleicht nur oberflächlicher und kritikloser?

Gleich mal ausprobieren

Entwickeln Sie einen Sozialverhaltensbogen oder eine ähnliche Form der Gedächtnisstütze, um Ihre Schüler im Unterricht gezielt zu beobachten. Die oben angegebenen Kategorien können Ihnen dabei als Strukturierungshilfe dienen.

ÜBER DEN EIGENEN TELLERRAND SCHAUEN

19

Auch wenn die Feststellung der fachlichen Schwächen und Stärken jedes Schülers das Rückgrat der Diagnose bilden, liefert sie für sich allein noch keinen hinreichenden Erklärungsansatz für auffällige Schwächen oder besondere Begabungen. Ganz ohne Psychologie geht es also nicht.

Vorteilhaft sind Grundkenntnisse im Bereich der Entwicklungspsychologie, insbesondere zu altersspezifischen Entwicklungsstörungen. Dazu gehören Fragen wie:

Entwicklungspsychologie berücksichtigen

- Beeinflusst z. B. die Pubertät das Arbeits- und Leistungsvermögen?
- Behindern angeborene Defizite wie starke Kurzsichtigkeit, motorische Hyperaktivität usw. den Lernerfolg?
- Leidet der Schüler unter einer Krankheit?

Um die Ecke gedacht

> Ein bestimmter Schüler fällt im Mathematikunterricht immer wieder dadurch auf, dass er nicht vorbereitet ist. Der übliche Vorwurf, er sei „von Natur aus faul", greift zu kurz. Erst nach genauerer Diagnose stellt sich heraus: Ihm fehlen grundlegende Rechenfertigkeiten, weshalb er nicht in der Lage ist, den anspruchsvolleren Inhalten zu folgen, da er, selbst wenn er sich bemüht, die Aufgaben nicht lösen kann.
>
> Dass es andere Erklärungsmodelle als das normale (Faulheit) geben kann, erkennen Sie nur, wenn Sie entsprechendes Hintergrundwissen haben. Die eigenen Beobachtungen und Vermutungen können gezielt in Hypothesen formuliert werden, die für den jeweiligen Schüler passgenau und relevant sind.

Ebenfalls notwendig ist ein grundlegendes Verständnis darüber, wie Versagensängste einen Schüler an der Entfaltung seiner Kompetenzen behindern können. Ist es also z. B. zutreffend, dass der Schüler

Versagensängste bei Schülern erkennen

- unter übertrieben auffälliger Prüfungsangst leidet?

- nicht von sich aus in der Lage ist, früher verursachte Defizite selbst zu erkennen (siehe Beispiel oben)?
- nicht in der Lage ist, sich frei vor der Klasse zu äußern?

Ein Basiswissen über Entwicklungsrisiken in Schule, Familie und Gesellschaft sollte ebenfalls vorhanden sein. Als Lehrer sollte man zumindest in Grundsätzen eine Vorstellung davon haben,

- welche Position der jeweilige Schüler in der Klasse einnimmt,
- wie seine familiäre Situation ist, ob er z. B. zu Hause in Ruhe arbeiten kann und wie seine sonstigen familiären Belastungen aussehen,
- in welchem sozialen Umfeld der Schüler außerhalb der Schule lebt.

20 Klarheit über Förderfunktionen

> Tipp 21–29

Was kann individuelles Fördern der Schüler bewirken, was nicht? Die Beantwortung dieser Frage stellt die Basis für die weiteren neun Tipps dieses Abschnittes „Lernpläne" dar (Tipp 21–29).

Funktionen des Lehrers

Welche anderen Funktionen neben der der individuellen Förderung haben Lehrer?
- Kontrollfunktion
  (z. B. Arbeitsverhalten und Arbeitsergebnisse der Schüler kontrollieren),
- Berichtsfunktion
  (z. B. Rückmeldungen an Schüler und Eltern) (Tipp 33, 34, 38),

> Tipp 33, 34, 38

- Selektionsfunktion
  (z. B. Platzierung, Schullaufbahnempfehlungen),
- Prognosefunktion
  (z. B. Einschätzung des inner- und außerschulischen Verhaltens).

Zur Förderfunktion gehört wesentlich, dem Schüler Anreize zur weiteren Anstrengung und Arbeit zu geben, zur Persönlichkeitsstärkung beizutragen und zur Selbstdisziplin zu befähigen.
Folgende Aspekte spielen bei dieser pädagogischen Aufgabe eine Rolle:

Aspekte der Förderung

- Welche Fortschritte gibt es?
- Welche Kenntnisse, Fertigkeiten und Fähigkeiten werden sicher beherrscht (Tipp 10)?

❯ Tipp 10

- Welche Anerkennung, welche Kritik für Verhalten und Leistung ist angebracht (Tipp 16, 17, 18)?

❯ Tipp 16, 17, 18

- In welchen Punkten ist das zuvor formulierte erwartete Ergebnis übertroffen/voll erreicht/teilweise erreicht/nicht erreicht?
- Wie und wodurch kann dem Schüler Anerkennung vermittelt oder ein Ansporn gegeben werden?

Gleich mal ausprobieren

Stellen Sie sich einen erdachten oder auch einen ganz bestimmten Schüler aus einer Ihrer Klassen vor und versuchen Sie, auf die obigen Fragen jeweils eine möglichst konkrete Antwort zu finden.

SCHÜLER INTEGRATIV FÖRDERN

21

Pädagogische Förderung kann nur individuell, also passgenau auf den einzelnen Schüler zugeschnitten sein. Jeder Versuch, eine Lerngruppe quasi „im Gleichschritt" ohne Eingehen auf die individuellen Spezifika fördern zu wollen, stößt an sehr enge Grenzen. Das ist aber keineswegs als Forderung nach möglichst großer Homogenität von Lerngruppen misszuverstehen, denn alle empirischen Untersuchungen zeigen, dass Heterogenität von Lerngruppen zu deutlich größerem Lernerfolg – und zwar sowohl bei schwachen als auch bei starken Schülern – führt (Tipp 74, 84, 85, 94–98).

Vorteile heterogener Lerngruppen nutzen

❯ Tipp 74, 84, 85, 94–98

> Tipp 45

Achtung!
Heterogenität von Lerngruppen wird nur dann zum Problem, wenn sie nicht durch ein entsprechendes Förderkonzept pädagogisch begleitet wird, denn dann ist im Regelfall die einzige Möglichkeit des im wahrsten Sinne des Wortes „alleingelassenen" Lehrers, den Unterricht für alle Schüler gleichermaßen auf einem mittleren Schwierigkeitsniveau anzusiedeln, das die Schwachen ebenso überfordert und unter Druck setzt wie die starken Schüler unterfordert (Tipp 45).

> Tipp 4

Individuelles Fördern gibt jedem Schüler die Chance, durch geeignete Maßnahmen sein motorisches, intellektuelles, emotionales und soziales Potenzial umfassend zu entwickeln (Tipp 4).

> Tipp 46

Das integrative Fördern der Schüler hat insbesondere folgende Vorteile:
- unmittelbares Anknüpfen an die momentan zu behandelnden Unterrichtsinhalte,
- keine Zweigleisigkeit durch methodisch unterschiedliche Vorgehensweisen des Fachlehrers und des Förderlehrers (Tipp 46),
- direktes Eingehen auf auftretende Probleme und Schwierigkeiten im Unterricht.

INDIVIDUELLE LERNPLÄNE ERSTELLEN

22

> Tipp 68

Lernpläne setzen die Themenpläne (Tipp 68), die für die Hand des Lehrers gedacht sind, für die Schüler um und konkretisieren das, was in der nächsten abgeschlossenen Unterrichtseinheit auf sie zukommt. Der Lehrer erstellt einen speziellen Lernplan, den jeder Schüler zu Beginn der Unterrichtseinheit erhält. Dieser informiert genau über folgende Punkte:

- Welche Fachinhalte sollen in dieser Unterrichtseinheit vermittelt werden (Grundwissen, Erweiterungswissen, Zusatzwissen)?
- Welche Methodenkompetenz können die Schüler in dieser Unterrichtseinheit entwickeln?
- Welche Arbeitstechniken sind für diese Unterrichtseinheit notwendig?

Achtung!

In ihrem gut 25 Jahre alten pädagogischen Bestseller „Unterrichtsrezepte" fordern Monika und Jochen Grell die grundsätzliche Transparenz des Unterrichtsgeschehens für Schüler und schlagen daher den „informierenden Unterrichtseinstieg" vor. Dies ist ganz sicher ein guter Start in die Stunde; ein anhand von Themen- und Lernplänen strukturierter Unterricht geht in punkto Transparenz aber noch erheblich weiter und macht alle Phasen des Unterrichts (nicht nur den Einstieg) für die Beteiligten durchschaubar.

Es gibt drei verschiedene Arten von Lernplänen:
1. Lernpläne für die gesamte Klasse/Lerngruppe,
2. Lernpläne mit Fördermaßnahmen für einzelne Gruppen innerhalb der Klasse,
3. Lernpläne mit Fördermaßnahmen für einzelne Schüler.

Die Lernpläne für Schülergruppen oder Einzelne können enthalten:
- Förderpläne für Schüler mit Teilleistungsschwächen,
- Forderpläne für Schüler mit besonderen Begabungen (Erweiterung des Lernplans),
- Übungspläne.

Gleich mal ausprobieren

Verfahren Sie nach der Devise „Small is beautiful!". Fertigen Sie nicht gleich einen differenzierten Lernplan für das ganze Jahr mit Differenzierungen für mindesten fünf leistungsheterogene Gruppen an, sondern beginnen Sie klein, z. B. indem Sie zunächst einmal einen Lernplan für eine Klasse oder Lerngruppe zu einer überschaubaren, kürzeren Unterrichtseinheit aufstellen.

Der Erfolg tritt sofort ein: Sie werden sehr schnell merken, welche Vorteile dieser Lernplan Ihnen und den Schülern bringt, was noch fehlt, wo also z. B. Differenzierungsmaßnahmen für einzelne Schüler angebracht sind usw. „Learning by doing" – beginnen Sie einfach und entdecken Sie dabei die Vorteile!

Förderpläne realisieren

23

> Tipp 22

Im Gegensatz zu den Lernplänen (Tipp 22) enthalten Förderpläne nur Elemente und Ziele für die individuelle Förderung:
- Hypothesen zur Ursache der Lernschwierigkeiten,
- Förderschwerpunkte,
- fachliche Leistungen.

Um die Ecke gedacht

> Tipp 51

Förderpläne müssen keineswegs allein von der Lehrkraft aufgestellt werden. Es ist im Gegenteil sinnvoll, den Schüler von vornherein mit einzubeziehen: Zunächst erstellt der Schüler selbst von sich ein individuelles Schülerbild, einen Schülersteckbrief oder ein Schülerporträt (Tipp 51). Dieses können die Eltern und Lehrer, aber auch Mitschüler, Freunde oder andere Personen – je nach Wünschen des Schülers – ergänzen. Es bildet eine wichtige Grundlage für den Schüler, seine Schul- bzw. Lernlaufbahn nachzuvollziehen.

Je nachdem können gegebenenfalls auch der Schulpsychologe, der Sozialpädagoge oder andere Personen, die „von außen" auf die Situation blicken, in die Erstellung des Förderplans einbezogen werden.

Schaffen Sie einen hohen Verbindlichkeitsgrad! Förderpläne sollten immer Vereinbarungen enthalten über:
- die zu erreichenden Ziele der individuellen Förderung,
- Bedingungen, die verändert werden müssen,
- Hilfen, Unterstützung und Beratung,
- didaktisch-methodische Hinweise zum Erreichen der Ziele,
- Möglichkeiten der Realisierung der Fördermaßnahmen,
- die Art der Überprüfung der erreichten Ziele.

Achtung!
> Förderpläne müssen sich auf das Wesentliche konzentrieren, sollten also möglichst nicht mehr als drei Aspekte enthalten. Sie gelten im Regelfall für den Zeitraum einer Unterrichtseinheit, eines Projektes oder einer in sich abgeschlossenen schulischen Einheit. So sind der Zeitrahmen und das Ziel für alle Beteiligten übersichtlich.

Beantworten Sie für sich die folgenden Fragen, um den Förderplan zu strukturieren.

Struktur des Förderplans

1. Wie sieht das Wissen aus, das der Schüler mitbringt?
- Über welche Grundkenntnisse verfügt der Schüler?
- Welche stofflichen Routineverfahren beherrscht der Schüler sicher, welche teilweise, welche gar nicht?
- Welche Fachbegriffe, Vokabeln, Informationen, Kenntnisse struktureller Zusammenhänge müssen dem Schüler bekannt sein, um das mit dem Plan angestrebte Förderziel zu erreichen?
- Von welchem falschen Wissen geht der Schüler aus, wo liegen die Quellen für die Fehler?

2. Wie kann der Förderplan an dieses Wissen anknüpfen?
- Welche alternativen Möglichkeiten fachlicher wie methodischer Art gibt es zur Erarbeitung eines bestimmten Stoffgebietes oder Sachverhaltes?
- Welche Möglichkeiten zur Veranschaulichung, Illustrierung und Vertiefung gibt es?

24 Arbeitspläne einsetzen

Arbeitspläne (auch Wochenpläne genannt) sind an vielen Schulen fester Bestandteil des Stundenplans. Der Arbeitsplan gliedert sich in einen Pflicht- und einen Wahlteil mit Aufgaben unterschiedlicher Unterrichtsfächer. Der Pflichtteil ist von den Schülern innerhalb einer Woche obligatorisch zu erledigen. Schüler, die ihre Pflichtaufgaben zügig erledigen und vor Ende der Arbeitsplanstunden fertig sind, haben die Möglichkeit, entweder Wahlaufgaben oder Zusatzaufgaben zu bearbeiten.

> **Achtung!**
> Wahlaufgaben können sowohl fachgebunden als auch fachungebunden angeboten werden. Genauso können Schüler sich nach Absprache mit der Lehrkraft selbst Aufgaben stellen. Zusatzaufgaben hingegen beziehen sich thematisch oft auf den Pflichtteil. Sie bieten eine Art erweiterte Herausforderung und gründen meist auf den Inhalten der einzelnen Unterrichtsfächer.
> Die Schüler können selbst bestimmen, in welcher Reihenfolge, in welcher Sozialform und in welchem Tempo sie die Aufgaben bearbeiten möchten.

Varianten des Arbeitsplans

Ein Arbeitsplan kann für alle Schüler einer Klasse gelten. Er kann aber auch Aufgaben enthalten, die nur von bestimmten Schülern bearbeitet werden sollen. Der Pflichtteil kann aus zwei Lernangeboten bestehen, einem leichten und einem schwierigeren Angebot, aus dem der Schüler selbst, je nach Einschätzung der eigenen Fähigkeiten, eine Aufgabe auswählt (Tipp 87).

❯ Tipp 87

Genauso kann ein Arbeitsplan verkürzt oder verlängert und dadurch den individuellen Lernvoraussetzungen und -bedürfnissen des Schülers angepasst werden.

Der Lehrer beobachtet den Lernprozess, zieht Schlussfolgerungen für die künftige Gestaltung der Pläne, fördert einzelne Schüler, unterstützt und hilft.

Gleich mal ausprobieren

Meist sind die Schüler selbst in der Lage, sich Aufgaben zur Vertiefung und Übung zu stellen und ernsthaft durchzuführen. Der Arbeitsplan bietet ihnen dabei Anhaltspunkte, welche zusätzlichen Aufgaben sinnvoll sind und thematisch oder methodisch passen.

MONATSPLÄNE EINSETZEN

25

Die „Aufgabe des Monats" wird den Schülern in einem für sie offenen Monatsplan, der beispielsweise an der Pinnwand im Klassenraum aushängt, präsentiert und detailliert in einzelnen Phasen beschrieben. Während der Arbeitsphasen im offenen Unterricht können sich Schüler über die Aufgabe informieren und sie je nach Interesse bearbeiten.

Arbeitsphasen im offenen Unterricht

Die Materialien werden didaktisch aufbereitet, d. h., dass die Aufgaben so gestellt sind, dass sich die Schüler die Inhalte schrittweise selbst erarbeiten können.

Achtung!

Die „Aufgabe des Monats" sollte auf keinen Fall den Charakter einer Arbeitsblattsammlung annehmen! Ähnlich wie beim Werkstattunterricht (Tipp 93) sollten die Aufgaben nicht nur aus Arbeitsblättern und Übungen bestehen, sondern so gestaltet werden, dass sie die Schüler auch wirklich ansprechen. Durch das Einteilen der Aufgabe in mehrere Arbeitsschritte und die Anzahl an Unterrichtsstunden, die den Monat über zur Verfügung stehen, sollte ein „projektartiges" Arbeiten ermöglicht werden, das die Schüler zugleich motivieren soll.

❯ Tipp 93

Man kann die Monatsaufgabe in den Wahlteil eines Arbeitsplans (Tipp 24) integrieren. Es sollte dann darauf geachtet werden, dass das Angebot tatsächlich mindestens vier Wochen im Wahlteil der nächsten Arbeitspläne auftaucht.

❯ Tipp 24

> **Gleich mal ausprobieren**
>
> Suchen Sie die „Aufgabe des Monats" aus dem Themenüberschuss der Lehrbücher heraus, denn über die Inhalte hinaus, die im Unterricht behandelt werden, bieten Schulbücher häufig eine Reihe von interessanten Lernangeboten, die im Unterrichtsalltag nicht genutzt werden.

MIT HAUSAUFGABENPLÄNEN ARBEITEN

26

Hausaufgaben zur individuellen Förderung nutzen

Hausaufgabenpläne legen innerhalb eines verbindlichen Zeitrahmens das zu erledigende Übungs- und Trainingspensum der Schüler in differenzierten Plänen fest. Die Inhalte der Pläne stehen einerseits in engem Zusammenhang zum Fachunterricht, fördern andererseits aber auch spezielle Begabungen oder beheben Lerndefizite der Schüler.

Erstellen Sie die Hausaufgabenpläne vor einer Unterrichtseinheit oder vor der Umsetzung eines Themas. Sie begleiten den Fachunterricht und ersetzen die täglichen Hausaufgaben. So fällt die regelmäßige Hausaufgabenkontrolle im Unterricht weg, die Schüler lernen, eigenverantwortlich zu arbeiten, und können differenziert gefördert (Wiederholungsaufgaben) und gefordert (komplexe weiterführende Aufgabenkonstruktionen) werden. Hausaufgabenpläne lassen sich auch nach Pflicht- und Wahlbereichen gliedern.

▸ Tipp 53   Checklisten (Tipp 53) können die Hausaufgabenpläne ergänzen. Individuelle Trainingsaufgaben zu den Checklisten lassen sich ebenfalls als Aufgabenpläne entwickeln.

Der Lehrer stellt die Pläne zusammen, mit zunehmendem Alter kann dies auch zur Aufgabe der Schüler werden.

Selbstkontrolle ermöglichen

Es ist allerdings erhebliche Vorarbeit zu leisten, weil umfangreiche Lern- und Lernkontrollmaterialien vorhanden sein müssen, denn die Aufgaben sollten einen hohen Anteil an Selbstkontrollmöglichkeiten enthalten und je nach Bedarf individuell besprochen werden. Dieser zusätzlichen Belastung während der Vorbereitung steht eine deutliche Entlastung während der Unterrichtsstunden gegenüber.

Gleich mal ausprobieren

Planen Sie für eine kurze, überschaubare Unterrichtseinheit oder für ein zeitlich begrenztes Thema alle Übungs- und Trainingsaufgaben im Vorfeld. Wählen Sie aus den Ihnen zur Verfügung stehenden Materialien und Büchern diejenigen Aufgaben aus, die Ihnen für Ihre Lerngruppe am geeignetsten erscheinen. Teilen Sie diese Hausaufgabenpläne vor der Unterrichtseinheit an Ihre Schüler aus und besprechen Sie mit Ihnen die Modalitäten (Pflicht-/Wahlaufgaben, Hinweise zur Selbstkontrolle, Meilensteine für die Besprechung, Abgabetermin usw.).

Erfahrungsgemäß erhöht sich mithilfe von Hausaufgabenplänen die effektive Lernzeit der Schüler deutlich, denn der Zeitaufwand für Nachbesprechung und Kontrolle entfällt weitestgehend. Der Trainingseffekt ist ebenfalls deutlich besser, denn das schnelle Abschreiben der Hausaufgaben von Mitschülern wird immer weniger – und so entwickelt sich die Selbstständigkeit und -verantwortung der Schüler für ihren eigenen Lernprozess systematisch weiter.

Effektive Lernzeit erhöhen

LERNLANDKARTEN 27

Eine Lernlandkarte breitet in optisch ansprechender und übersichtlicher Form für alle Schüler verschiedene Arbeitsangebote zu einem Thema aus. Die optische Präsentation und klare Struktur erlauben eine rasche und problemlose Orientierung. Lernlandkarten sind daher wichtige Entscheidungshilfen für alle, um das für sie jeweils interessante Sachgebiet und die ihren Neigungen und Fähigkeiten entsprechende Schwerpunktsetzung und Methode herauszufinden. Zudem können Hinweise zur Strukturierung und zur Sachlogik grafisch so gestaltet werden, dass die Lernlandkarte schon zum Verständnis des Themas beiträgt. Im Folgenden ist als Beispiel eine Lernlandkarte zum Thema „Industrialisierung" abgebildet.

Beitrag zum Verständnis des Themas

Kampf mit Wörtern: gebräuchliche Formulierungen damals und heute

Erziehung und Ausbildung eines Kindes damals und heute

Vergleich der Arbeitsbedingungen einer Fabrikarbeiterin, Heimarbeiterin und Haushaltshilfe durch szenische Darstellung

Von der Industrie- zur Informations- und Computergesellschaft

Umweltveränderung durch den Menschen
- „Das sind dumpfige Dämpfe von der Sonne":
Entwicklung der Hygiene und Medizin
- wozu Mist auf die Felder – es gibt doch Bayer Leverkusen?
die Intensivierung der Landwirtschaft
- den Räubern keine Chance:
endlich sichere und bequemere Verkehrswege
- das Zeug stinkt zum Himmel:
Umweltverschmutzung

Das soziale Netz früher und heute – Erkundungen bei Krankenkassen, Sozialamt, Gewerkschaft und Wohlfahrtsverbänden

Aufbruch zur Industrialisierung 1800 – 1835

Technische Erfindungen und ihre Auswirkungen
- der Hammer:
die Dampfmaschine macht die Industrialisierung erst möglich
- zu neuen Ufern:
die Weltmeere werden erobert
- die Arbeit wird neu organisiert:
Entstehung der Manufakturen
- Vorsicht Spannung:
Strom und Benzinmotor geben Entwicklung neuen „Drive"

Zusammenarbeit mit Museen, Archiven, Büchereien... am Ort

Stadien der Entwicklung optisch verdeutlichen – z.B. anhand von Stadtplän

(Die Speisepläne der Menschen dar und heute)

(Rollenspiel, Pro-kontra-Diskussion, Talk-Show oder Ähnliches zur Kinderarbeit)

INDUSTRIALISIERUNG

Veränderungen in den Köpfen der Menschen
- „Gott ist tot!" (F. Nietzsche) Ist Gott wirklich tot?
- alle Macht dem Volke: Abschaffung der Königs- und Adelsherrschaft
- Bahn frei dem Fortschritt: Naturwissenschaften werden immer wichtiger
- eine neue Heilslehre – nur für Arbeiter: der Marxismus

Ausbau der Industrie 1873 – 1914

Vorstellungen zur Lösung der „Sozialen Frage" in zeitgenössischen Karikaturen und Texten interpretieren und eigene anfertigen

ir geh'n in die Fabrik!"

Arbeits- und Lebensbedingungen
- nimmt denn diese Schufterei kein Ende? die Arbeiter stöhnen unter dem langen Arbeitstag
- im düsteren Auge keine Träne: das Elend all derjenigen, die von der Industrialisierung überrollt werden
- überall ist besser als hier: die Auswanderungswellen
- komm, wir gehen in die Disko: Freizeitverhalten

Die erste Industrialisierungsphase 1835 – 1873

Zeitgenössische Produktionsstätten (Industrie, Landwirtschaft, Handwerk, Dienstleistungen...) mit damaligen vergleichen: Lage, Größe, Aussehen, Gestaltung, Beschäftigungszahl, Maschinen, Zukunftsaussichten

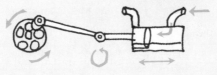

che einer Arbeiterin mit einem Lied, ht, Brief oder Traum nachempfinden

Hörspiel zur Arbeits- und Lebenssituation zur Zeit der Industrialisierung produzieren

LERNPLÄNE 53

Gleich mal ausprobieren

Zwölf Schritte zur Entwicklung einer Lernlandkarte:
1. Thema festlegen
2. Brainstorming (allein, im Team, mit den Schülern)
3. Mindmap erstellen
4. Abgleich mit dem Schulcurriculum (Bildungsstandards, Kerncurricula) (Tipp 1)

❯ Tipp 1

5. Lernvoraussetzungen der Schüler berücksichtigen (Pädagogische Diagnostik)
6. inhaltliche Schwerpunkte setzen (Clustern)
7. Materialien und Medien sichten (Einsatzmöglichkeiten)
8. Methoden und Arbeitstechniken klären
9. grafische Gestaltung und angemessene sprachliche Formulierung der Aufgaben und Arbeitsaufträge überlegen
10. Lernarrangements planen
11. organisatorische Modalitäten verabreden
12. zeitlichen Rahmen festlegen

Vorstrukturierung in höheren Klassen gemeinsam

Die Lernlandkarte muss vom Lehrer zu Hause oder in Kooperation mit anderen Kollegen in überlegten Detailschritten aufgebaut und regelrecht komponiert werden. Die Vorstrukturierung dieser Karte kann in höheren Klassen dann, wenn Schüler in Teilbereichen Sachkompetenz und den fachlichen Überblick haben, gemeinsam erfolgen.

Achtung!

Durch das individuelle Arbeiten werden persönliche Fähigkeiten der Schüler gefördert und ausgebaut. Weil alle Schüler zu einer Entscheidung über die Zuordnung von Inhalten und Methoden gelangen müssen und damit selbst verantwortlich für den eigenen Lernprozess sind, wird auch ihre Methodenkompetenz weiterentwickelt. Durch zusätzliche visuelle und auditive Materialien und Medien können unterschiedliche Lerntypen berücksichtigt und in erheblichem Umfang das individuelle Fachwissen erweitert und damit die Fachkompetenz gefördert werden (Tipp 9).

❯ Tipp 9

Die Methode ist nur dort einsetzbar, wo das Thema mehrere gleichrangige Aspekte aufweist, die deutlich voneinander unterschieden und parallel bearbeitet werden können. Falls es einige Details gibt, deren Kenntnis Voraussetzung für die Bearbeitung aller anderen Aspekte ist, kann man auf der Landkarte einen Pflichtbereich abgrenzen, den alle bearbeiten müssen.

Achtung!
Nicht geeignet sind Lernlandkarten für all jene Themen, bei denen streng aufeinanderfolgende Lernschritte notwendig sind und das Fehlen eines Bausteins das Ganze zum Einsturz bringen würde.

Welche Rolle kommt Ihnen als Lehrkraft bei der Arbeit mit Lernlandkarten zu? Der Lehrer übernimmt bei dieser Methode die Rolle des Lernberaters. Er hat zwar mit der Vorbereitung der Lernlandkarte mehr Arbeit als bei herkömmlichen Unterrichtsstunden, und auch die Bereitstellung der Bücher und Arbeitsmaterialien erfordert im Vorfeld mehr Zeit, z. B. müssen geeignete Bücher ausgewählt und weitere Materialien beschafft, Experten herangezogen oder Internetrecherchen vorgenommen werden. Die Durchführung der dann folgenden Unterrichtsstunden ist aber sehr entlastend, denn der Lehrer hat Zeit, die Schüler und ihr Arbeits- sowie Lernverhalten zu beobachten, er kann Einzelne fördern, ihnen behilflich sein und ihnen mit Rat und Tat zur Seite stehen.

Lehrerrolle

28 Förderpraxis kontrollieren

Regelmäßig den eigenen Unterricht evaluieren

Da das individuelle Fördern ein fortlaufender Prozess ist, der für den Schüler frühestens mit dem Verlassen der Schule endet, ist es für den Lehrer sinnvoll und notwendig, die eigene Unterrichtspraxis in regelmäßigen Abständen zu reflektieren, damit sich keine Fehler einschleichen.

Die folgende Checkliste können Sie unmittelbar zur Evaluation Ihres Unterrichts einsetzen:

- Gibt es je nach Thema, Interessensschwerpunkten und Leistungsvermögen unterschiedliche Lehrbücher, Lernmaterialien, Lernangebote und Arbeitshilfen?
- Haben langsamere Schüler ausreichend Zeit, um ihre Aufgaben zu erledigen?
- Erhalten besonders begabte Schüler zusätzliche Hilfen und haben sie ggf. das Recht und die Möglichkeit, sich nach Absprache aus Routineaufgaben auszuklinken und an eigenen Schwerpunkten zu arbeiten?

❯ Tipp 69
- Sind beurteilungsfreie Phasen regelmäßiger Bestandteil des Unterrichts (Tipp 69)?

❯ Tipp 52
- Reflektieren die Schüler ihren individuellen Lernfortschritt (Tipp 52)?
- Ist allen Schülern vertraut, dass es unterschiedliche Leistungsvermögen gibt?

❯ Tipp 74, 84, 96
- Unterstützen sich die Schüler gegenseitig beim Lernen (Tipp 74, 84, 96)?

❯ Tipp 22, 33, 34, 70
- Macht der Lehrer jedem Schüler die für ihn geltenden Leistungserwartungen transparent und hilft er ihm, sie nachzuvollziehen (Tipp 22, 33, 34, 70)?

29 METAKOGNITION BEI SCHÜLERN FÖRDERN

Der Begriff „Metakognition" bedeutet, sich über eigene Lernfortschritte und Lerndefizite sowie das eigene Leistungsvermögen klar zu werden. Der hinter der Metakognition stehende Grundgedanke ist, dass jedem Schüler der individuelle Lern- und Leistungsfortschritt bewusst wird. Im Kern geht es also um das eigene Reflektieren der Schüler über ihre Arbeits- und Lernprozesse und Leistungen. Dabei sind sorgfältig geführte Berichtshefte, Lerntagebücher (Tipp 55) und Portfolios (Tipp 58) in dialogischer Partnerschaft mit dem Lehrer bewährte Methoden, die durch Schülerporträts (Tipp 50), Cluster und Lernplakate ergänzt werden, mit denen der Lernstand, das methodische Knowhow und die Lernstrategien jedes einzelnen Schülers genau und individuell ermittelt werden können.

Schülern wird Lernstand bewusst

❯ Tipp 55, 58

❯ Tipp 50

Achtung!

Portfolio – das neue pädagogische Zauberwort! In vielen Bundesländern gehört es schon zu der verbindlichen Vorschrift zumindest für die Primar- und unteren Sekundarklassen. Aber bitte strapazieren Sie dieses Wundermittel nicht zu sehr: Portfolios und Lerntagebücher sind eine ausgesprochen hilfreiche Sache, wenn sie sich wirklich auf das, was sie dokumentieren sollen, konzentrieren – den individuellen Lernfortschritt nämlich. Leider gibt es zu viele Portfolios, die man besser als Sammelmappe bezeichnen könnte, da die Schüler alles hineinstopfen, wovon sie glauben, dass es irgendetwas mit ihrem Lernfortschritt zu tun hätte (oder sich positiv auf ihre Note auswirken könnte).

Gleich mal ausprobieren

Üben Sie das Führen von Lerntagebüchern mit Ihren Schülern systematisch. Dazu ist ein Fragenkatalog hilfreich. Fragen, die sich die Schüler schriftlich stellen und beantworten können, sind z. B.:

- Was und wie habe ich heute gelernt, was hätte ich besser machen können?
- Wann und wobei hat es heute bei mir „Klick" gemacht?
- Welche Fragen sind offengeblieben, was kann ich tun, um sie zu beantworten?
- Was hat mir in der Stunde besonders gut gefallen, was war besonders effektiv?

Der Prozess der Metakognition bezieht sich im Regelfall auf drei Bereiche:

Lernbegabung
- Lernbegabung (Leistungen oberhalb der Bezugsnormen, spezielle Begabungen, Hochbegabung),

Lernprobleme
- Lernprobleme (Leistungen unterhalb der tolerierbaren Abweichungen von verbindlichen institutionellen, sozialen und individuellen Bezugsnormen, Unterschreiten des Minimalstandards),

Lernverhalten
- Lernverhalten (Persönlichkeitsentwicklung, personenbezogene Aspekte).

30 LERNKONTRAKTE UND ARBEITSBÜNDNISSE

▶ Tipp 37

Die Nähe zum Begriff „Vertrag" ist durchaus gewollt, denn diese Vereinbarungen sollen als Konsequenz eine Verbindlichkeit haben, der allerdings alle Beteiligten, also auch der Lehrer, ausgesetzt sind (Tipp 37).

Lernkontrakte und Arbeitsbündnisse können sowohl mit einzelnen Schülern als auch mit der ganzen Klasse abgeschlossen werden.

Zielloses Lernen ist unbefriedigend und demotivierend

Ein chinesisches Sprichwort sagt: „Wer anfängt, ohne das Ende zu bedenken, ist ein Narr!" Auf die schulische Situation übertragen heißt das: Zielloses Lernen ist unbefriedigend und demotivierend.

- Ziele konzentrieren die Leistung in eine Richtung und lenken dabei den Blick auf erreichbare Ergebnisse, bändigen so den „inneren Schweinehund" und wirken Ablenkungsmanövern und Zeitvergeudung entgegen.

- Ziele ermöglichen selbstverantwortliches Lernen ohne Druck von außen.
- Eine klare Zielformulierung (und eventuell die Festlegung von Zwischen- und Teilzielen) lässt jeden Fortschritt deutlich sichtbar werden (Tipp 91).
- Ziele verleihen dem Lernprozess einen Sinn.

> Tipp 91

Gleich mal ausprobieren

Sie haben am Schuljahresanfang als Klassenlehrer die Klasse 9c neu übernommen. Nehmen Sie sich eine Folie mit der Überschrift „Arbeitsbündnis zwischen der Klasse 9c und dem Klassenlehrer". Teilen Sie die Folie in zwei Spalten. Die Überschrift der linken Spalte lautet: „Der Klassenlehrer erwartet von der 9c", die Überschrift der rechten „Die Klasse 9c erwartet von ihrem Klassenlehrer".
Schreiben Sie in die linke Spalte all das, was Ihnen wichtig erscheint. Zeigen Sie die Folie der Klasse und lassen Sie ihr ausführlich Gelegenheit, die rechte Spalte zu füllen. Anschließend können Sie mit der Klasse die gegenseitigen Forderungen diskutieren und einige eventuell entschärfen.
Das Arbeitsbündnis wird zu Hause abgetippt, von den Klassensprechern und Ihnen unterschrieben und im Klassenraum aufgehängt.

Das Formulieren von Lernkontrakten und Arbeitsbündnissen sowie deren Einhaltung schaffen zwischen Schülern und Lehrern Regeln für den Umgang miteinander und sorgen dafür, dass diese eingehalten werden. Durch das selbstverantwortliche Lernen und Arbeiten sammeln die Schüler frühzeitig wichtige Erfahrungen in diesen Bereichen:

Selbstverantwortliches Lernen fördern

- Einschätzung der eigenen Leistungsfähigkeit,
- Zeitplanung,
- realistische Zielsetzung,
- Frustrationstoleranz,
- Kooperationsfähigkeit,
- Kommunikationsfähigkeit,
- Selbstdisziplin.

31 LERNBERICHTE ANFERTIGEN LASSEN

›Tipp 29, 55

Lassen Sie Ihre Schüler regelmäßig und selbstverantwortlich den eigenen Lernstand feststellen und schriftlich dokumentieren (Tipp 29, 55).

Um die Ecke gedacht

Wenn man Schüler fragt, wer für ihren Lernerfolg verantwortlich sei, wird die Antwort in den meisten Fällen spontan lauten: „Na ja, unser Lehrer! Wer denn sonst?" Die Vorstellung, selbst die Verantwortung zu tragen für das, was man (für das spätere Leben!) lernt, ist in unserem Schulsystem wenig verbreitet.

Lernberichte systematisieren

Lernberichte müssen, wenn sie erfolgreich eingesetzt werden sollen, systematisiert werden. Der gut gemeinte Lehrerimpuls „Nun schreib mal auf, was du alles kannst und was du noch lernen musst!" verpufft mangels konkreter Aspekte und vorgegebener Kategorien.

Gleich mal ausprobieren

Das vorgefertigte Formular zum Lernbericht sollte folgende allgemeine, überfachliche Kategorien enthalten:
- Mitwirkung und Beteiligung,
- mündliche Beteiligung,
- Selbstständigkeit und Sauberkeit der Arbeiten,
- Verhalten bei Einzel-, Partner- und Gruppenarbeiten,
- Umgang mit Schwierigkeiten.

Zusätzlich kann der Lernbericht natürlich fachspezifische Kompetenzen erfassen, also z. B. in Deutsch die Lesefähigkeit, die Ausdrucksfähigkeit, den sicheren Umgang mit Rechtschreib- und Grammatikregeln usw.

LERNVEREINBARUNGEN TREFFEN

32

Lernvereinbarungen werden im Regelfall zwischen einzelnen Schülern und dem jeweiligen Fachlehrer abgeschlossen. Grundlage für eine Lernvereinbarung sind klar benennbare Defizite in dem betreffenden Fach bzw. einzelnen Themengebieten des Faches.

Achtung!

Lernvereinbarungen werden schriftlich fixiert und durch Unterschriften verbindlich gemacht (Tipp 37). Sie sind also kein pädagogisches Feigenblatt, sondern eine ernst zu nehmende Verpflichtung für beide Seiten – Schüler wie Lehrer. Das setzt allerdings voraus, dass nicht nur der betroffene Schüler, sondern auch der Lehrer auf die Einhaltung der Vereinbarung achtet und ggf. drängt.

› Tipp 37

Gleich mal ausprobieren

Sicher gibt es in Ihrer Lerngruppe den einen oder anderen Schüler mit erheblichen Defiziten, für den eine konkrete Lernvereinbarung erstellt werden kann.
Zur Orientierung: Lernvereinbarungen können nach einem bestimmten Muster „gestrickt" werden, das z. B. wie folgt aussehen kann:
- Ziel (Was soll genau erreicht werden?),
- Handlungsschritte (Was genau soll getan werden?),
- Unterstützung (Welche konkreten Hilfen kann und soll der Schüler in Anspruch nehmen?),
- Indikator (Wie kann und soll einen Erfolgskontrolle aussehen?),
- Terminierung (Bis wann soll die Lernvereinbarung erfüllt werden?),
- Unterschriften des Schülers, des Lehrers und eventueller Hilfspersonen (z. B. Klassenlehrer, Schulpsychologe, Eltern).

33 Rückmeldebogen für Lernkontrollen

▸ Tipp 48, 62, 64, 65

Im letzten Schritt einer Unterrichtseinheit steht meist die Lernkontrolle an, die das, was Schüler wissen sollten, zusammenfasst und abfragt (Tipp 48, 62, 64, 65).
Die typische Frage „… und, was hast du für ein Gefühl?" wird spätestens bei Rückgabe der Lernkontrollen durch die Lehrkraft beantwortet.

Um die Ecke gedacht

Der übliche Schülerblick auf zurückgegebene Lernkontrollen ist doch ein flüchtiger, der sich durch rote Bemerkungen schleicht, bis er anhält, weil er eine Ziffer gesichtet hat – die Note, das Gesamtergebnis.
Doch welche Rückmeldung erhält der Schüler dadurch? Diese Ziffer spiegelt die Gesamtleistung einer Lernkontrolle mit unterschiedlichen Anforderungen und Aufgabentypen wider.
Woran erkennt der Schüler, welche Bereiche noch vertieft werden müssen oder nicht verstanden wurden?
Nur wenn Schüler eine Auswertung über ihre schriftliche Leistung aus der Lernkontrolle erhalten, sind sie in der Lage, ihre „Benotung" wirklich ernst zu nehmen und an benannten Schwächen zu arbeiten. „Du kannst noch keine Gleichungen mit Klammern lösen" ist eine gezieltere Rückmeldung als „Du bekommst in Mathe eine 4".

Gleich mal ausprobieren

- Beim Erstellen der Lernkontrolle werden die einzelnen Teilbereiche bzw. Aufgaben auf ihre Zielsetzung hin untersucht. Diese Zielsetzungen werden aufgeschrieben.
- Es wird eine grobe Einteilung der Fähigkeiten vorgenommen. Beispielsweise: Du bist sicher, überwiegend sicher, teilweise sicher, noch nicht sicher bei …
- Nach Kontrolle der Aufgaben in der entsprechenden Lernkontrolle, wird jedem Schüler zu den Teilbereichen individuell rückgemeldet, ob er die Aufgaben beherrscht oder nicht.

Beispiel aus dem Fach Mathematik, Klasse 5 (Integrierte Gesamtschule)

Du hast die folgenden Ziele des Mathematikunterrichts, die in dieser Lernkontrolle überprüft wurden,					
erreicht	überwiegend erreicht	Ziel		teilweise erreicht	überwiegend nicht erreicht
		Weg-Zeit-Diagramme lesen und sinnvoll interpretieren			
		Zeitspannen korrekt berechnen			
		Zeiten in andere Größen umwandeln			
		Anteile bestimmen und darstellen			
		Anteile berechnen			

Damit auch diese Rückmeldung nicht einfach nur grob zur Kenntnis genommen wird, sollten alle Zielsetzungen der Aufgabenbereiche mündlich durchgegangen und besprochen werden. Jeder Schüler bekommt durch das individuelle Setzen des Kreuzes (je nach erfolgreicher oder weniger erfolgreicher Aufgabenbewältigung) einen Einblick in seine Stärken und Schwächen.

Rückmeldung besprechen

34 Rückmeldebogen für Zeugnisse

Zweimal im Schuljahr erhalten Schüler in Zeugnissen für ihr Lernen, besonders aber für ihre fachlichen Leistungen Rückmeldungen in Form von Noten. Doch was bewirkt eine Rückmeldung beim Schüler, der seine Benotung nicht aktiv reflektiert? Die eigentliche Intention der Zeugnisnoten, nämlich den Schülern eine Möglichkeit zu geben, ihr Verhalten zu reflektieren und neue Ziele zu setzen, geht verloren.

Benotung reflektieren

Wie kann mithilfe von Rückmeldebögen zu Zeugnissen doch gezielt gefördert und gefordert werden?

Neue Ziele formulieren

Lernentwicklungsberichte sagen meist deutlich mehr über die Leistungen des einzelnen Schülers aus als Notenzeugnisse. Da aber nicht an jeder Schule diese Lernentwicklungsberichte umgesetzt werden, sind Rückmeldungen zu den Zeugnissen eine sehr gute Möglichkeit, die Noten „mit Inhalt" zu füllen und gleichzeitig mit der Reflexion neue Ziele zu formulieren.

> **Um die Ecke gedacht**
>
> Eine Veränderung kann nur herbeigeführt werden, wenn der Schüler sich für das nächste Schuljahr neue Ziele steckt. Je verbindlicher die Zielsetzung ist, umso höher scheint die Wahrscheinlichkeit der Zielerreichung.
>
> Wie sollen Schüler sich verbessern, wenn sie mit Noten konfrontiert werden, aber gleichzeitig nicht von ihnen verlangt wird, ihre Noten zu rechtfertigen bzw. sich selbst zu reflektieren und Ziele für das nächste Schuljahr bzw. Schulhalbjahr zu formulieren?

Die Reflexion des eigenen Zeugnisses erfordert Kritik am eigenen Lernen. Um den Schülern diesen, nicht ganz einfachen, Schritt zu erleichtern, sollten ihnen Strukturhilfen gegeben werden.

Besonders muss deutlich werden, dass nicht nur Kritikpunkte beachtet und besprochen werden! Die guten Merkmale im Zeugnis und die gezeigten positiven Lernstrategien des Schülers sollten am Anfang der Reflexion stehen!

Zu Beginn etwas Positives!

Gleich mal ausprobieren

Mögliche Fragen für eine Reflexion:

1. Allgemeine Zufriedenheit
- Mit welcher Note bin ich zufrieden?
- Mit welcher Note bin ich unzufrieden?
- Welche Note soll so bleiben?
- Welche Note möchte ich verändern?

2. Reflexion der Lernstrategien
- Was sind meine Lieblingsfächer?
- Welches Fach hat mir in diesem Jahr besonders Spaß gemacht?
- Welches Fach hat mir gar nicht gefallen? Warum nicht?
- Welche Strategien waren in welchem Fach besonders erfolgreich?
- Wie viel Übungszeit habe ich für das Fach eingesetzt?
- Was hat mir besonders geholfen?
- Wer hat mich besonders unterstützt?

3. Zielformulierung
- Was muss ich verändern, um meine Note zu verbessern?
- Welche „erfolgreichen" Lernstrategien kann ich auch dort umsetzen, wo ich mich verbessern möchte?
- Was bedeutet „Lernerfolg" für mich?
- Welche zusätzlichen Hilfen benötige ich?
- Wie kann mich mein Lehrer unterstützen?
- Welche Zielvereinbarungen kann ich mit dem Lehrer oder mit anderen Personen treffen?

Diese Reflexion sollte auf jeden Fall schriftlich erfolgen, damit Schüler und Lehrer eine Grundlage haben, auf die sie sich berufen können. Möglichkeiten sind: Lerntagebücher (Tipp 55), Portfolios (Tipp 58), Logbücher (Tipp 35).

▶ Tipp 55, 58, 35

LERNKONTRAKTE 65

35 Logbuch schreiben

In regelmäßigen Abständen und über einen längeren Zeitraum werden Selbstwahrnehmungen und -beobachtungen in ein Logbuch (eine DIN-A4-Kladde, ein Heft oder einen Ordner) eingetragen und ausgewertet.

Logbuch für Lehrer

Die damit verbundenen Ziele sind:
- Auswertung der eigenen Unterrichtsarbeit und Lernstrategien über einen bestimmten Zeitraum hinweg,
- Entdecken und Fördern von Entwicklungsideen und -möglichkeiten für den Lernprozess.

Für eine strukturierte Selbstbeobachtung und -reflexion sind Leitsätze und daraus abgeleitete Kriterien und Indikatoren notwendig, die man mit den Schülern vorher verabredet.

Strukturierte Selbstbeobachtung über einen längeren Zeitraum

Ein Logbuch ermöglicht eine strukturierte Selbstbeobachtung über einen längeren Zeitraum nach zuvor festgelegten Fragen. Wenn Sie allgemeine Leitsätze zur Unterrichtsarbeit, zu Lernstrategien oder zur Kompetenzentwicklung formuliert bzw. verabredet haben, kann jeder Schüler seinen eigenen Lernweg nachvollziehen, überprüfen und reflektieren. So kann jeder Schüler für sich selbst erkennen, in welchem Bereich er noch besonderen Förder- oder Forderbedarf hat.

Logbuch für Schüler

Gleich mal ausprobieren

Entwickeln Sie für sich ein Logbuch, in dem Sie Ihre eigene Unterrichtsplanung und -durchführung konsequent strukturiert eintragen.

Beantworten Sie folgende Fragen:
- Welche Indikatoren waren für meinen Unterricht hilfreich?
- Was hat mir geholfen, meine eigenen Kompetenzen zu erweitern?
- Welche Ziele kann ich daraus ableiten?

Legen Sie dann fest, in welcher Klasse oder in welchem Fach Sie das Logbuch wie lange einsetzen möchten.

> Blicken Sie auf Ihre Erfahrungen mit dem eigenen Logbuch zurück und entwickeln Sie auf deren Grundlage entsprechende Kriterien. Versuchen Sie, immer unmittelbar nach der Unterrichtsstunde fünf Minuten Zeit für das Ausfüllen des Logbuches zu reservieren.
> Dabei kann es hilfreich sein, zunächst Stunden auszuwählen, die z.B. direkt vor einer großen Pause liegen. Die Skalierung am Ende des Logbuchs hilft, die Selbstwahrnehmung und -beobachtung zu schulen und mit einem Blick die eigene Entwicklung auch über einen längeren Zeitraum hinweg wahrzunehmen.

Ein möglicher Aufbau für ein Logbuch wäre ein allgemeiner Teil mit Angaben zum Unterrichtsinhalt und Ablauf der Stunde oder mit ausgewählten Fragen zu interessanten Kriterien oder Indikatoren.

Beispiele für Kriterien (Merkmale oder Kennzeichen):
- Aus der Sicht des Lehrers:
  Unterrichtseinstieg, Gruppenarbeit, Nebentätigkeiten in der Klasse, effektive Gruppenarbeit;
- Aus der Sicht des Schülers:
  alle Aufgaben erledigt, selbstständig zu Hause gelernt, rechtzeitig selbstständig geübt, Einschätzung des eigenen Lernfortschritts

Beispiele für Indikatoren
(Merkmal, das als beweiskräftiges Anzeichen für etwas anderes dient):
- Alle Schüler beteiligen sich aktiv am Unterricht.
  (Indikator für einen interessanten Unterricht)
- „Ich habe heute dem Unterricht aufmerksam folgen können und alles verstanden."
  (Indikator für einen an den Lernvoraussetzungen der Schüler orientierten Unterricht)

Auf der folgenden Seite finden Sie eine mögliche Vorlage für einen Logbucheintrag.

Beispiel für eine Logbuch-Seite

Inhaltliches Thema	
Kurzzusammenfassung	
Besondere Vorkommnisse	
Spezifische Indikatoren	

Der Unterrichtseinstieg war interessant und motivierend für das neue Thema.	☐ (1) stimmt ☐ (2) stimmt eher ☐ (3) stimmt eher nicht ☐ (4) stimmt nicht	Kommentar:
Die Gruppenarbeitsphase zur selbstständigen Erarbeitung der Inhalte war effektiv. Alle haben sich an die Regeln gehalten.	☐ (1) stimmt ☐ (2) stimmt eher ☐ (3) stimmt eher nicht ☐ (4) stimmt nicht	Kommentar:
Der eigene Lernfortschritt war umfangreich und kann für andere Bereiche genutzt werden	☐ (1) stimmt ☐ (2) stimmt eher ☐ (3) stimmt eher nicht ☐ (4) stimmt nicht	Kommentar:

Schüler-Feedback bekommen

36

„Feedback geben" kann sich sowohl auf das Lehrerfeedback als auch auf das Schülerfeedback beziehen.
Versuchen Sie es einmal mit dem folgenden Verfahren. Hierbei geht es nicht um eine fachlich-methodische Förderung der Schüler, sondern um die Evaluation der vom Lehrer eingesetzten Fördermaßnahmen (Tipp 28). Es lässt sich aber problemlos auf andere Bereiche übertragen.

❯ Tipp 28

Die auf Karteikarten (in unterschiedlichen Farben) notierten Qualitätsaussagen zum Fördern werden in Partnerarbeit diskutiert und ausgewertet.

Fördermaßnahmen diskutieren und auswerten lassen

Die damit verbundenen Ziele sind:
- Verbesserung des Lehrer-, Schüler-, Klassenverhaltens,
- Sicherung von Unterrichtsqualität,
- Steigerung des Lernerfolgs,
- Schülerbeteiligung bei der Planung, Durchführung und Auswertung des Unterrichts.

Gleich mal ausprobieren

Aus den „Zehn Merkmalen guten Unterrichts" (Meyer, 2004) werden für das „Individuelle Fördern" Indikatoren abgeleitet und einzeln auf Karteikarten notiert, z. B.:
- Alle, gerade auch die leistungsschwächeren Schülerinnen und Schüler werden angehalten, ihren individuellen Lernfortschritt zu reflektieren (Metakognition) (Tipp 29).

❯ Tipp 29

- Leistungsstarke Schüler haben das Recht und die Möglichkeit, sich nach Absprache mit dem Lehrer aus Routineaufgaben auszuklinken und an eigenen Schwerpunkten zu arbeiten (Tipp 83).

❯ Tipp 83

- Alle Karteikarten liegen verdeckt auf dem Tisch. Die Schüler bilden Tandems und diskutieren, inwieweit die formulierten Indikatoren erfüllt werden.

Jedes Tandem zieht eine Karte, ohne den Inhalt zu kennen. In ungefähr fünf bis zehn Minuten besprechen die Partner unter folgenden Aspekten die Aussage auf der Karte:
- Wie wird dieses Kriterium in unserer Klasse umgesetzt?
- Welche Erfahrungen haben wir gemacht?

- Welche Aufgabe haben wir als Schüler dabei?
- Wie können wir unseren Anspruch besser umsetzen?

Die Diskussion wird stichwortartig mitprotokolliert.

Nach Abschluss der Diskussionsphase werden die Gedanken und Aussagen des jeweiligen Tandems der ganzen Klasse vorgestellt. Daraus resultierende Ergebnisse zur Verbesserung des individuellen Förderns werden schriftlich festgehalten.

Die Karten können auch auf einer großen Wandzeitung, die im Klassenraum aushängt, geclustert werden. So lassen sich die einzelnen Aspekte der Diskussionen schriftlich fixieren und können immer noch einmal betrachtet werden. Erst nach Ablauf einer verabredeten Zeit werden sie wieder abgenommen.

37 SCHRIFTLICHE ZIELVEREINBARUNGEN

Schriftliche Zielvereinbarungen sind im Vergleich zu mündlichen Absprachen für beide „Vertragspartner" verbindlicher. Die Schüler setzen sich dabei selbst Ziele, die sie eigenverantwortlich in einem bestimmten Zeitraum zu erreichen versuchen.

❯ Tipp 32

Die Vereinbarungen können sich auf fachliche Ziele beziehen (Tipp 32) oder das angestrebte Arbeits- und Sozialverhalten der Schüler betreffen.

❯ Tipp 30

Schriftliche Zielvereinbarungen können außerdem sowohl zwischen Schüler und Lehrer als auch unter Schülern getroffen werden (Tipp 30).

Das nachfolgende Beispiel zeigt eine Situation, die zu einer schriftlichen Zielvereinbarung zwischen Schülern geführt hat, die sich auf das Arbeitsverhalten bezieht.

Zur Situation:
Jana coacht Paul bei der Bearbeitung des Arbeitsplans, da

Paul in den letzten Wochen aufgrund seines unkonsequenten Arbeitsverhaltens kaum Aufgaben erledigen konnte (Tipp 74). Die Ergebnisse der letzten Wochen waren dementsprechend mehr als unbefriedigend. Obwohl Jana Paul bei Fragen stets zur Seite steht, hat Paul immer noch Schwierigkeiten, seine Aufgaben kontinuierlich zu bearbeiten, weil er sich durch Gespräche und andere Aktionen im Klassenraum gern ablenken lässt. Am Ende der Woche steht das Reflexionsgespräch (Tipp 75) an. Jana beklagt darin, dass Paul ihre Ermahnungen, konzentrierter zu arbeiten, nicht ernst genommen hat. Paul erkennt anhand seiner Rückmeldung, dass seine schlechten Ergebnisse auf die ständigen Gespräche zurückzuführen sind.

❯ Tipp 74

❯ Tipp 75

Daraus hervorgegangene schriftliche Zielvereinbarung:
Jana und Paul vereinbaren, dass Paul in der nächsten Woche versucht, konzentrierter zu arbeiten, indem er sich einen ruhigeren Platz sucht und sich mehr „reinkniet". Jana verspricht, dass sie noch mehr auf Paul achtet, indem sie ihn häufiger beim Arbeiten beobachtet oder sich dabei neben ihn setzt.
Die Ziele für die nächste Woche werden in einem Satz in Form einer Ich-Botschaft formuliert und von beiden Seiten unterschrieben.

SCHRIFTLICHE RÜCKMELDUNGEN

38

Schriftliche Rückmeldungen über das Lern-, Arbeits- und Sozialverhalten an die Eltern und den Schüler erhöhen die Verbindlichkeit im Lernprozess und den Lernerfolg der Schüler erheblich.

Folgende Formen haben sich in der Praxis bewährt:
- Rückmeldeheft,
- Lernbegleitheft,
- Arbeitsplanauswertung.

Rückmeldehefte Rückmeldehefte stellen einen ständigen Informationsaustausch zwischen Lehrer, Schüler und Eltern dar. Sie werden im Regelfall als Oktavheft geführt, und der Lehrer trägt entweder in regelmäßigen Abständen (falls mit den Eltern verabredet) oder bei entsprechenden Vorfällen im Unterricht eine kurze Notiz ein. Die Notiz kann eine Vorfallsbeschreibung sein oder auch ein Symbol in einem vorgefertigten Raster. Der Lehrer bespricht mit dem Schüler die Bemerkung und die Eltern bestätigen durch ihre Unterschrift die Kenntnisnahme der Eintragung. Konkrete Maßnahmen, die insbesondere das Lern-, Arbeits- und Sozialverhalten betreffen, können so in Verabredung mit den Eltern umgesetzt werden. Die schriftliche Fixierung führt dem Schüler immer wieder vor Augen, in welchem Bereich er sein Verhalten verändern muss.

Lernbegleithefte Lernbegleithefte sind von der Schule entwickelte und an die Schüler verteilte DIN-A5-Hefte, die wie folgt gestaltet sind:
- Information über die Schule, wichtige Adressen und Telefonnummern,
- Hilfsangebote (Beratungs- und Vertrauenslehrer, Sozialpädagogen),
- allgemein verbindliche Materialliste für jeden Schüler,
- Schuljahresplan,
- wichtige Termine im Schuljahr (Feste, Wandertage, Turniere, Verschiedenes ...),
- Regeln für die Arbeit und das Zusammenleben,
- Klassenliste,
- je eine Doppelseite: Kalenderwochen, Fächer, Selbsteinschätzung, Mitteilungen an die Eltern,
- Stundenplan,
- Bücherliste.

Arbeitsplanauswertung
▶ Tipp 24

Die Arbeitsplanauswertung steht unmittelbar am Ende eines jeden Arbeitsplans (Tipp 24) und wird regelmäßig am Ende der Woche von der Lehrkraft und dem Schüler ausgefüllt und unterschrieben. Der Schüler hat die Aufgabe, sein Lern- und Arbeitsverhalten dieser Woche selbst einzuschätzen. Die Lehrkraft meldet sowohl das Verhalten des Schülers als auch die Qualität und Quantität der Bearbeitung der Aufgaben zurück. Die Rückmeldung erfolgt in Form eines vorgefertigten Rasters. Zur Information der Eltern nimmt der Schüler den Arbeitsplan mit nach Hause und lässt diese unterschreiben. Für Rückmeldungen der Eltern sollte ebenfalls ein Feld zur Verfügung stehen.

Außerschulische Vereinbarungen

39

Das Schreiben von Förderplänen ist eine Sache – die Umsetzung in der Praxis eine andere.

Häufig ist bei Schülern zwar die Einsicht vorhanden, bestimmte Lücken und Lernprobleme beheben zu wollen, die Umsetzung im alltäglichen Schulbetrieb oder zu Hause bereitet aber eher Schwierigkeiten. Es gibt so viele andere Dinge, die ein Schüler in seiner Freizeit tun kann, dass er häufig vergisst, sich zusätzlich mit seinen schulischen Defiziten zu beschäftigen. Häufig sind Förderpläne auch zu unkonkret formuliert, z. B. „Mache regelmäßig deine Hausaufgaben", „Erscheine pünktlich zum Unterricht", „Bearbeite deinen Arbeitsplan vollständig". Formulierungen dieser Art geben Schülern keine praktischen Hinweise, wie sie diese unterschiedlichen Ziele erreichen können.

Hinweise konkret formulieren

Wenn der Schüler, aus welchen Gründen auch immer, nicht in der Lage ist, seine Aufgaben selbstständig zu Hause zu erledigen, ist es notwendig, schriftliche Vereinbarungen (Tipp 37) mit ihm zu treffen. Diese sollten überschaubar, zielgerichtet und auf einen kurzen Zeitraum begrenzt sein und folgende Aspekte beinhalten:
- Was soll bearbeitet werden?
- Bis wann soll es erledigt sein?
- Wo soll es bearbeitet werden?
- Mit wem kann oder soll es bearbeitet werden?
- Wer kontrolliert (die Aufgaben/die Vereinbarung)?

Zielgerichtete, überschaubare Vereinbarungen

▶ Tipp 37

LERNKONTRAKTE 73

Außerschulische Unterstützer

Lernen, Üben und Wiederholen kann und sollte nicht nur in der Schule, sondern überall stattfinden. Das heißt, außerschulische Unterstützer können in den Lernprozess mit einbezogen werden, z. B.:
- Betreuer und Sozialpädagogen, beispielsweise aus dem Jugendhaus,
- Nachhilfelehrer aus Nachhilfeinstituten,
- Familienbetreuer vom Jugendamt,
- ältere Geschwister oder andere Familienmitglieder,
- engagierte Senioren aus dem Stadtteil,
- pensionierte Lehrkräfte aus der Umgebung.

Hier ein Beispiel, wie auch schulfremde Personen mit in die Förderung einbezogen werden können:

› Tipp 50

Der Klassenlehrer von Jakob weiß durch dessen Schülerporträt (Tipp 50), dass der Junge regelmäßig im Jugendhaus „Villa" kickert. Da Jakob häufig seine Hausaufgaben vernachlässigt, seine Eltern ganztägig berufstätig sind und sich nicht um ihn kümmern können und bisherige Absprachen und Vereinbarungen nicht gefruchtet haben, beschließt der Lehrer, Verbindung zu den Betreuern der „Villa" aufzunehmen. Gemeinsam mit Jakob, dem Betreuer des Jugendhauses und dem Lehrer wird in einem weiteren Schritt schriftlich vereinbart, was Jakob in welchem Zeitraum und unter wessen Anleitung erledigen soll und wer seine Aufgaben kontrolliert. Alle Beteiligten unterschreiben die getroffene Vereinbarung.

KOGNITIVES WISSEN STÄRKEN

Kognitives Wissen wird durch die Präsentation von Informationen oder das Erklären von Konzepten aufgenommen. Dieses Wissen muss vom Lernenden verstanden, verarbeitet und gespeichert werden. Ziel ist es, das Wissen jederzeit abrufbar zur Verfügung zu haben, anwenden und auf angemessene Situationen übertragen zu können.

Achtung!
Auch wenn Lernen immer ein ganzheitlicher Prozess ist, an dem mehrere verschiedene Lerndimensionen beteiligt sind, sollte man sich in der pädagogischen Praxis ganz bewusst auf die kognitive Dimension einlassen und z. B. Unlustgefühle der Schüler („Da habe ich einfach keine Lust zu!") ausblenden.

Die Arbeitsziele des kognitiven Bereichs lassen sich unterteilen in:
- Faktenwissen im engeren Sinne („Wissen, dass …"),
- Wissen über Prozeduren, Algorithmen und Vorgehensweisen zur Problemlösung („Wissen, wie …"),
- Wissen über mögliche Anwendungssituationen („Wissen, wozu …").

Gleich mal ausprobieren
Welche Aspekte könnten kognitive Arbeitsstrategien berücksichtigen?
1. Informationen verstehen
- Nachschlagen in Lexika, Fachbüchern, Atlanten …
- Experten befragen (Lehrer, Mitschüler …)
- Verbindung zu alten, eigenen Wissensbeständen herstellen
- Informationen ordnen, strukturieren, gliedern
- Wichtiges von Unwichtigem unterscheiden und markieren
- Regeln und Gesetze erkennen

2. Informationen behalten
- Mnemotechniken anwenden
- Erschließungstechniken einsetzen
- Systematisierungshilfen angemessen und situationsbedingt nutzen

3. Informationen anwenden
- konkrete Beispiele für abstrakte Regeln finden
- abstrakte, übergeordnete Gesetzmäßigkeiten formulieren
- Hypothesen logisch und klar entwickeln und formulieren

Affektive Arbeitsstrategien nutzen

41

> Tipp 73, 90

Die Einhaltung selbst aufgestellter Ziele scheitert oft nicht an den Lerninhalten, sondern an der affektiven Lerndimension, also der inneren Einstellung des Schülers. Lernen ist grundsätzlich auch ein emotionaler Prozess, der viel mit Motivation zu tun hat (Tipp 73, 90).

Achtung!

> Tipp 40

Jeder kennt die Situation, dass man eine unüberwindliche Abneigung dagegen hat, sich mit „irgendetwas" näher zu beschäftigen. Diese oft rational nicht begründbare Abneigung verhindert einen Lernerfolg und macht jeden Effektivitätsgedanken zunichte. Die kognitive Lerndimension muss also im pädagogischen Alltagsgeschäft im Blickpunkt bleiben (Tipp 40).

Kognitive und affektive Dimension ergänzen und verstärken sich

Im günstigsten Falle ergänzen und verstärken sich die kognitive und die affektive Dimension. Auch kompensatorische, ausgleichende Aspekte sind zu beobachten, z. B. können Defizite im kognitiv-intellektuellen Bereich durchaus durch erhöhte Motivation oder ein angenehmes Lernklima ausgeglichen werden.

Gleich mal ausprobieren

Affektive Arbeitsstrategien zu beachten, ist für Sie als Lehrer ebenso wichtig wie für die Schüler, z. B.
- Teilziele setzen, regelmäßig überprüfen und ggf. ändern, ohne sich dabei selbst zu überfordern,
- Planungstechniken einsetzen,
- die eigene Lernmotivation hinterfragen und stabilisieren,
- Arbeits- und Freizeitphasen klar trennen,

> Tipp 69

- eigene Stimmungen durch eine konzentrationsfördernde, angenehme Umgebung positiv beeinflussen (Tipp 69),
- die eigenen Ressourcen pfleglich behandeln und realistisch einschätzen, um Erschöpfung und Überforderung zu vermeiden und Leistungsfähigkeit und Kreativität zu erhalten.

42 Aktivierungs- und Handlungsstrategien

Die zur psychomotorischen Dimension gehörenden Aktivierungs- und Handlungsstrategien beziehen sich auf den Auf- und Ausbau der praktischen Demonstrations-, aber auch der Vermittlungsfähigkeiten. Vor allem das eigene Tun ist gefragt, denn ohne das selbstständige Ausführen manueller wie geistiger Tätigkeiten und das Nachvollziehen von Bewegungs- und Denkabläufen können Schüler nicht die Fähigkeiten und Fertigkeiten entwickeln, mit denen sie ihr kognitives Wissen (Tipp 40) und die affektiven Einstellungen (Tipp 41) umsetzen können.

Das eigene Tun ist gefragt

❯ Tipp 40
❯ Tipp 41

Beispiel:
Mario ist von dem Thema, das er vor der Klasse darstellen soll, wirklich begeistert und er hat sich sorgfältig fachlich vorbereitet – es kann also eigentlich nichts schiefgehen. Als Einstieg in das Thema will er seinen Mitschülern ein kleines, aber wichtiges physikalisches Experiment zeigen, aber das geht leider völlig daneben, weil Mario diesen Versuch vorher nicht genügend eingeübt hat – die Stunde ist „gelaufen", der anschließende Vortrag misslingt ebenfalls.

Aktivierungs- und Handlungsstrategien beziehen sich auf:
- den sachangemessenen Umgang mit Hilfsmitteln für Demonstrationen im Rahmen des jeweiligen Fachunterrichts,
- die Fähigkeit zum Bau von Modellen und zum Aufbau von Versuchen,
- den sinnvollen Einsatz von Materialien und Medien, beispielsweise die vorteilhafte Gestaltung von Folien oder Wandzeitungen, den sachangemessenen Einsatz von Dias oder Filmausschnitten, die didaktischen Möglichkeiten des Internets,
- das Training von Einfühlungsvermögen, um sich in eine andere (reale oder fiktive) Person hineinzuversetzen und ihre Motive und Handlungen nachvollziehen und nacherleben zu können.

Gleich mal ausprobieren

Nicht nur in den naturwissenschaftlichen Experimentalfächern kann man mit Schülern gezielt den Aufbau von Aktivierungs- und Handlungsstrategien einüben. Visualisierungshilfen (Folien, PowerPoint-Präsentationen usw.) können in allen Fächern sinnvoll genutzt werden.

43 ORGANISATIONS- UND PLANUNGSTECHNIKEN

Planungstechniken

Planungstechniken beschäftigen sich sowohl mit dem Zeitmanagement als auch mit Organisation.

Zeitmanagement bedeutet, Strategien zur sinnvollen zeitlichen Planung und Strukturierung längerfristiger Arbeiten zunehmend selbstständig zu entwickeln. Ein kluger Zeitmanager ist derjenige, der nicht alles auf die lange Bank schiebt, sondern rechtzeitig und kontinuierlich Arbeitsschritte portioniert (Tipp 92).

❯❯ Tipp 92

Folgende Regeln sollten dabei beachtet werden:
- Möglichst schnell einen wichtigen Gedanken notieren, denn dann ist die Erinnerung noch frisch.
- Lieber jeden Tag eine kurze Zeit arbeiten, als alles bis zum letztmöglichen Zeitpunkt aufschieben.
- Schriftliches Festhalten – egal ob handschriftlich oder mit dem Computer – intensiviert das Gelernte.

Organisationstechniken

Organisationstechniken beziehen sich auf all das, was den eigentlichen Arbeitsprozess lediglich begleitet und auf den ersten Blick vielleicht unwichtig erscheint, sich aber in der konkreten Arbeit als unverzichtbar erweist:
- vollständig vorhandene Materialien (z. B. Quellentexte, Formelsammlungen, Lexika),
- ein übersichtliches System zur Ordnung und Archivierung der eigenen Materialien (z. B. Karteikarten, Pinnwände, Datenbänke im Computer),
- funktionsfähige Arbeitsmaterialien (z. B. Taschenrechner, Millimeterpapier, Folien, Notenblätter),

- aber auch scheinbare Nebensächlichkeiten wie ein geordneter Arbeitsplatz, eine konzentrationsfördernde Atmosphäre, das Einplanen sinnvoller Ruhephasen und nicht zuletzt die Sorge um das körperliche Wohl.

Gleich mal ausprobieren
Verabreden Sie mit Ihren Schülern eine individuelle Langzeitaufgabe, zu der sie mehrere Wochen Zeit haben. Planen Sie eine wöchentliche Bestandsaufnahme ein, in der alle Schüler regelmäßig ihr persönliches Zeitmanagement darlegen, ihren Arbeitsprozess referieren und ihr Organisationssystem vorstellen.

FRUSTRATIONSTOLERANZ ERHÖHEN

44

Frustrationserlebnisse während des Lernprozesses sind oft die Folge einer falschen inneren Einstellung. Voraussetzung für erfolgreiches Lernen ist eine positive mentale Einstellung (Tipp 41). Dagegen gefährden Ängste, Ablenkung und Konzentrationsmangel den Lernerfolg.

❯ Tipp 41

Achtung!
Schon die Gestaltung des eigenen Arbeitsplatzes kann Ablenkung und Konzentration fördern, aber auch verhindern! Ein aufgeräumter Schreibtisch, eine übersichtlich angeordnete Pinnwand, ein bequemer Arbeitsstuhl wirken häufig Wunder. Chaotische Arbeitsverhältnisse dagegen behindern die Konzentration, ebenso wie Ablenkung durch Geräusche und Musik (Tipp 43).

❯ Tipp 43

Aspekte zur Erhöhung der Frustrationstoleranz:
- Die Fachebene:
  Zum Erwerb einer Sprache benötigen wir einen Wortschatz und Strukturen, zum Lösen mathematischer Probleme brauchen wir Regeln und Fachsprache.

- Die Fähigkeitsebene:
  Die Fähigkeit, das eigene Verhalten der jeweiligen (Lern-) Situation anzupassen, ermöglicht alltägliche effektive Arbeit.
- Die eigenen „Werte und Normen":
  Unsere eigenen Werte und Normen, aber auch unsere Neugierde bestimmen, warum wir etwas lernen oder nicht lernen wollen.
- Die eigene Identität:
  Der Grad des „Einverstandenseins" mit den Erziehungszielen der Schule oder Schulform bestimmt die individuelle Zufriedenheit des Einzelnen.

Gleich mal ausprobieren

Reden Sie mit Ihren Schülern über die Gestaltung ihres Arbeitsplatzes, die Nebentätigkeiten, die sie während des Lernens ausüben, die Störungen, denen sie ausgesetzt sind, und die Dinge, die sie als unangenehm empfinden.
Problematisieren Sie auch die Fach- und Fähigkeitsebene sowie die normative Dimension.

45 KOOPERATIONSFÄHIGKEIT FÖRDERN

▶ Tipp 43

Wer nicht allein, sondern in einer Gruppe arbeitet, muss zu den individuellen Organisationstechniken (Tipp 43) zusätzlich noch über folgende Fähigkeiten zur Kooperation verfügen:
- die Arbeitsteilung verbindlich und übersichtlich planen,
- Verabredungen einhalten und auf Einhaltung drängen,
- sich gegenseitig motivieren, gerade bei unerwartet auftretenden Problemen.

„Die Kette reißt beim schwächsten Glied", „Das langsamste Auto bestimmt das Tempo der Schlange" – Sprichwörter dieser Art, die das Aufeinander-Angewiesensein problematisieren, gibt es viele. Der Tenor ist allen gemeinsam: Was nützt es, wenn ich mich in einem Arbeitsverbund mit anderen anstrenge, aber die anderen (zumindest einer von ihnen) nicht das Gleiche tun?

Gruppenarbeit kann nur funktionieren, wenn sie als Methode richtig eingeführt, regelmäßig reflektiert und geübt wird (Tipp 3, 74).

Gruppenarbeit üben

❯ Tipp 3, 74

Gleich mal ausprobieren

Planen Sie eine längere Gruppenarbeitsphase, in der innerhalb der Gruppen Arbeitsteilung herrscht, aber die Gruppe nur gemeinsam ein Produkt oder Ergebnis herstellen kann. Lassen Sie die Schüler selbst einen ebenso übersichtlichen wie verbindlichen Arbeitsplan erstellen und alle Gruppen regelmäßig über die „Planerfüllung" berichten. Problematisieren Sie gemeinsam in der Klasse, was passiert, wenn einzelne Schüler sich nicht an die Verabredungen halten oder wenn Probleme auftreten.

Kollegen und Fachleute hinzuziehen

46

Das Prinzip des individuellen Förderns gerät dann schnell an eine Grenze, wenn man es als Einzelkämpfer betreibt. Dies hat zwei Gründe:

Zum einen die zeitliche Belastung: Das individuelle Eingehen auf 30 und mehr Schüler einer Klasse ist überaus zeitintensiv und man kommt als Lehrer schnell an die Grenze der möglichen Belastbarkeit.

Noch wichtiger ist der fachliche Aspekt: Treten Defizite und Schwächen nur in einem („meinem") Fach auf oder gibt es ähnliche auch in anderen Fächern, vielleicht sogar über alle Fächer hinweg?

Es gibt Schüler mit speziellen Begabungsprofilen, z. B. im mathematisch-naturwissenschaftlichen Bereich, die eklatante Schwächen etwa in Deutsch zeigen, und es gibt natürlich auch den umgekehrten Fall.

Die Schülerin Maria z. B. steht seit Jahren in Mathe auf 5–, in Deutsch dagegen auf 2+. Die Förderung kann und soll sich also ganz auf Mathe konzentrieren. Ein anderer Schüler dagegen zeigt gravierende Konzentrationsmängel in allen Fächern – in diesem Fall ist dann eher der Schulpsychologe gefragt.

Gleich mal ausprobieren

Im Rahmen mehrerer Gesprächsrunden werden die einzelnen „auffälligen" Schüler in den Blick genommen und Ursachen ihrer Leistungsmängel (oder besonderen Begabungen) werden diskutiert. Als ausgesprochen hilfreich erweisen sich dabei drei weitere Informationsquellen:
- Kollegen, die die Klasse vorher unterrichtet haben, insbesondere der frühere Klassenlehrer,
- die Schüler selbst, die in offener und freundlicher Atmosphäre ohne jeglichen „Verhörcharakter" befragt werden,
- eventuell Schulpsychologen oder Sozialpädagogen.

Insgesamt entstehen so differenzierte Bilder der Schüler, die viele Ansätze für eine gezielte Förderung ermöglichen.

LERNKOMPETENZ AUFBAUEN

47

Lernkompetenz entsteht nicht „auf einen Schlag", sondern wird im Unterricht schrittweise erworben. Das Kriterium für die Anordnung der Stufen ist die zunehmende Selbstständigkeit des Lernens. In Anlehnung an die PISA-Studie werden fünf Stufen zunehmender Lernselbstständigkeit unterschieden:

Fünf Stufen zunehmender Lernselbstständigkeit

1. Stufe: Lernen durch einfaches Nachvollziehen: Diese Stufe spielt in der Grundschule eine erhebliche Rolle.

2. Stufe: Lernen nach Vorgaben: „Handeln nach Vorschrift" – ein Lernweg wird von dem Schüler so genutzt, wie es ihm vorgeschrieben wird.

3. Stufe: Lernen durch Einsicht: Diese Stufe setzt voraus, dass der Schüler verstanden hat, was Sinn und Zweck des Lernprozesses ist.

4. Stufe: Lernen als selbstgesteuerter Prozess: Der Schüler sieht ein, dass Lernen ein Wechselprozess von Inhalten, Methoden und Zielen ist. Diese Einsicht befähigt ihn, Vorschriften (vorgeschriebene Lernwege) eigenständig zu modifizieren und für sich persönlich effektiv zu nutzen.

5. Stufe: Lernen unter kritischer Reflexion über die Verwendungsmöglichkeiten: Die Schüler sind in der Lage, angemessen ihr eigenes Lernhandeln zu analysieren und zu bewerten.

Gleich mal ausprobieren

Am Beispiel der Erstellung einer Mindmap zu einem beliebigen Thema kann das gestufte Modell sehr gut verdeutlicht werden.

1. Stufe: Gedanken werden mithilfe von Schlüsselwörtern notiert. Ziel ist es, eigene Gedanken parallel zum Denkprozess zu verschriftlichen.

2. Stufe: Lernen, Lehren und Analysieren. Beim Lernen sollen Haupt- und Nebenäste genutzt werden, um z. B. thematische Zusammenfassungen zu strukturieren.

3. Stufe: Eigene Texte produzieren: Die Mindmap dient als Gerüst im Hintergrund, um einen linearen Text zu formulieren oder frei zu reden.

4. Stufe: Individuell oder im Team Arbeitsprozesse oder Projekte planen.

5. Stufe: Die Methode bewerten, indem sie gegen andere abgegrenzt wird, und die Vor- und Nachteile bezüglich Zeitersparnis, Klarheit und Übersicht abwägen.

Bereits in jüngeren Jahrgängen kann mit Mindmaps gearbeitet werden und die Schüler können auch hier schon –

altersangemessen – die 5. Lernkompetenzstufe erreichen. Die Entfaltung der Methode in den höheren Schulstufen wird bestimmt durch die zunehmend anspruchsvolleren Inhalte und die wachsende Selbstständigkeit der Schüler.

LERNKOMPETENZ TESTEN

48

› Tipp 33

Tests spiegeln auch dann, wenn sie regelmäßig und in kurzen Abständen erfolgen, nicht die Normalsituation des Unterrichts wider, sondern immer die Sondersituation einer Prüfung. Sie bilden eine Momentaufnahme, in der die individuellen Umstände des einzelnen Schülers keine große Rolle spielen (Tipp 33).

› Tipp 8, 40

Viele Kollegen stehen Testverfahren daher eher skeptisch gegenüber. Sie monieren, dass hauptsächlich reines Faktenwissen abgefragt wird, geistige Regsamkeit oder Kreativität aber in den Hintergrund geraten, weil sich diese Eigenschaften meist nicht in den Testergebnissen widerspiegeln. Ein weiterer Kritikpunkt lautet, dass Tests nur vorhandenes, erlerntes Wissen überprüfen und sich damit ausschließlich auf kognitive Lernziele beziehen (Tipp 8, 40).

Kompetenzorientierte Aufgabenstellungen und selbstständige Lösungswege

› Tipp 78

Diese nach wie vor häufig geäußerten Bedenken entsprechen allerdings nicht mehr den heutigen Realitäten, denn die Testkonzeptionen und -verfahren sind in den letzen Jahren erheblich modifiziert und erweitert worden. Nutzen Sie alle diese verschiedenen Möglichkeiten!

- Reine Wissensabfrage-Verfahren sind durch kompetenzorientierte Aufgabenstellungen abgelöst worden (wie z. B. in den PISA-Studien) (Tipp 78).
- Materialgestützte Aufgabenstellungen verlangen von den Schülern den Einsatz selbstständiger Denk- und Lösungswege, die nicht nur eine richtige Lösung erlauben.
- Die Aufgabenstellungen sind so ausgerichtet, dass individuelle Lernfortschritte des Einzelnen erfasst werden.

Gleich mal ausprobieren

Im Materialangebot der Verlage und im Internet gibt es eine Fülle dieser „modernen" Tests (z.B. die vom PISA-Konsortium herausgegeben), die ohne großen Aufwand für die je eigene Situation, das eigene Fach und die Lerngruppe spezifiziert werden können.

LERNKOMPETENZ DOKUMENTIEREN

49

Während die Testsituation auch dann, wenn man in relativ kurzen Abständen kleine Tests schreibt, immer eine Besonderheit darstellt, liefert die Beobachtung der Schüler durch den Lehrer, gerade weil sie – quasi „nebenbei" – während des normalen Unterrichtsgeschehens abläuft, authentische Daten aus dem Unterricht. Diese subjektive Datenquelle sollte bei der Dokumentation individuellen Lernens und individueller Lernfortschritte auf jeden Fall genutzt werden (Tipp 16).

❱ Tipp 16

Die Beobachtung des Lehrers muss allerdings systematisiert und strukturiert sein (Tipp 12, 69).

❱ Tipp 12, 69

Achtung!

> Lehrer verfügen spätestens nach einigen Jahren Berufspraxis über hochautomatisierte Beobachtungsroutinen, die nur zum Teil bewusst sind. Diese unsystematisch-zufällige Beschreibungs- und Bewertungspraxis ist wahrscheinlich im pädagogischen Alltag sehr wirkungsmächtig. Klassen z.B. eilt im Regelfall ein bestimmter Ruf voraus (z.B. „lieb und nett" / „frech und faul"), der sich dann, wenn ein Lehrer neu in die Klasse kommt, im Sinne der „Sich-selbst-erfüllenden-Prophezeiung" auch bestätigt.

Die systematische Beobachtung dagegen muss:
- einem konkreten Zweck dienen,
- in einen theoretischen Bezugsrahmen eingebettet sein,

Bedingungen systematischer Beobachtung

- systematisch geplant und durchgeführt werden,
- kontinuierlich aufgezeichnet und,
- transparent für alle Beteiligten sein.

Der Begriff „systematisch" meint, dass die Beobachtung innerhalb eines theoretischen Rahmens erfolgt. Außerdem wird dadurch ausgesagt, dass die Untersuchung der Überprüfung bestimmter Hypothesen dient und dass die Fragestellungen zu dem angestrebten Ziel passen (Tipp 71).

❯ Tipp 71

Achtung!

Raster helfen bei der Strukturierung von Beobachtungen. Sie gliedern den Beobachtungsgegenstand in Kriterien auf, um zu einer möglichst genauen Beschreibung des Lernkompetenzstandes zu gelangen (Tipp 67).

❯ Tipp 67

Gleich mal ausprobieren

Entwerfen Sie ein Raster für einen Beobachtungsbogen für einen einzelnen Schüler oder auch für alle Schüler einer Lerngruppe. Versuchen Sie nicht, alles auf einmal zu beobachten, sondern konzentrieren Sie sich auf genau abgegrenzte Bereiche, z. B. das Sozialverhalten, das Arbeitsverhalten, die Konzentrationsfähigkeit usw.

SCHÜLERPORTRÄTS

50

Vor die Arbeit mit Lern- oder Förderplänen sollte eine Phase der Schülerselbsteinschätzung und -wahrnehmung geschaltet werden: Um die Schüler in den Prozess des selbstverantwortlichen Lernens aktiv einzubinden, ist es hilfreich, die individuellen Stärken und Vorlieben festzustellen und festzuhalten (Tipp 10). Wenn für die Schüler ein neuer Lebensabschnitt beginnt – im Regelfall mit dem Wechsel an eine neue Schulform – ist es besonders wichtig, die eigenen Stärken zu erkennen und zu beschreiben (Tipp 52). Lassen Sie deswegen zu Beginn eines Schuljahres bzw. immer dann,

❯ Tipp 10

❯ Tipp 52

wenn Sie eine neue Klasse übernehmen, Schülerporträts oder -steckbriefe erstellen. Jedes neue Schuljahr startet so mit einem Selbstporträt nach den immer gleichen Kriterien. Von Jahrgang 5 bis Jahrgang 10 oder 13 ändert sich zwar das Sprachniveau, die Bereiche bleiben aber immer die gleichen. So ergibt sich eine kontinuierliche Selbstbeschreibung und Selbstdarstellung der Schüler im Laufe ihrer Schulzeit, Veränderungen werden bewusst wahrgenommen und Bilder und Fotos zeigen auch optisch die individuelle Entwicklung auf – was den Schülern im Übrigen meist sehr viel Spaß macht.

Eigene Stärken erkennen und beschreiben

Schülerselbstporträts sind der erste Schritt bzw. das erste Blatt in den individuellen Lernportfolios (Tipp 58), die die Lernentwicklung systematisch dokumentieren.

❯ Tipp 58

Gleich mal ausprobieren

Erstellen Sie für Ihre Lerngruppe oder Ihre Schule eine Maske mit den Indikatoren, die Sie in der Entwicklung Ihrer Schüler für besonders wichtig halten und die Sie systematisch von Jahrgang 5 bis Jahrgang 10 (oder 13) zu jedem Schuljahresbeginn wieder einsetzen können. Dieses Porträt sollte nicht mehr als eine Seite umfassen, damit es schön übersichtlich bleibt. Beschränken Sie es lieber auf einige wenige Aspekte, die Sie dann auch gut vergleichen können (Nebeneinanderlegen der Porträts). Der folgende Tipp (Tipp 51) zeigt Ihnen ein mögliches Beispiel dafür.

❯ Tipp 51

Ein Schülerporträt gestalten

51

Im Folgenden finden Sie ein Beispiel, wie Sie die Vorlage für ein Schülerporträt gestalten können. Selbstverständlich steht es Ihnen frei, die Rubriken anderen Aspekten zu widmen. Wie bereits in Tipp 50 erwähnt, sollten Sie aber darauf achten, das Schülerporträt nicht zu kleinteilig und umfangreich zu entwerfen. Es sollte nicht mehr als eine Seite umfassen.

❯ Tipp 50

Schülerporträt

Name:	(Foto)
Klasse:	

Was ich schon immer über mich erzählen wollte:

Das sind meine Lieblingsfächer:

Das sind meine Stärken im Unterricht:

So arbeite ich besonders gern:

Das gefällt mir im/am Unterricht gut:

Das möchte ich unbedingt noch lernen:

Das mache ich zu Hause/in meiner Freizeit:

Wenn ich drei Wünsche frei hätte, würde ich mir wünschen:

DEN EIGENEN LERNSTAND EINSCHÄTZEN

52

Neben bzw. nach der fachlich unspezifischen Selbstdarstellung der Schüler durch eigene Porträts (Tipp 50) sollte eine an Fächern orientierte Selbsteinschätzung vorgenommen werden. Die Schüler schätzen dabei ihre eigenen Fähigkeiten ein in Bezug auf:
- fachspezifisches Wissen,
- das Beherrschen fachspezifischer Methoden,
- die eigene Sicherheit bei der Anwendung fachspezifischer Routinen und Fertigkeiten (Tipp 10, 15, 31).

❯ Tipp 50

❯ Tipp 10, 15, 31

Achtung!
Fatal wäre es, wenn dieser Selbstbeurteilungsbogen im Sinne des „Pygmalion-Effektes" zur Grundlage der Leistungseinschätzung durch den Lehrer geriete, denn das würde seinen pädagogischen Intentionen ganz und gar zuwiderlaufen.
Den Schülern muss absolut klar sein, dass sie diesen Bogen offen und ehrlich bearbeiten sollen und dürfen!

Gleich mal ausprobieren
Beim Übergang in die 7. Klasse wäre ein Selbstbeurteilungsbogen denkbar, der z. B. wichtige Kompetenzen in den Hauptfächern detailliert erfasst und die Nebenfächer eher pauschal mit ein bis zwei Fragen berücksichtigt.
Für die Hauptfächer sind denkbare Kriterien:
- Deutsch: freies Sprechen/freies Schreiben nach Vorgaben/Rechtschreibung, Zeichensetzung, Grammatik
- Mathematik: Bruchrechnen/Prozentrechnen/Textaufgaben
- Englisch: Sprechen/Texte verstehen/Wortschatzumfang

53 MIT CHECKLISTEN ARBEITEN

Checklisten geben in extrem verdichteter Form die Ergebnisse längerer schulischer Arbeitsprozesse wieder. Sie verkürzen einen unter Umständen mehrere Wochen andauernden Unterrichtsprozess auf wenige prägnante Sätze oder Stichworte.

> **Achtung!**
> Checklisten können auf gar keinen Fall den Unterricht ersetzen! Auch sind sie völlig ungeeignet, die mangelnde Klarheit und Stringenz des Unterrichtsplanung (Tipp 63) nachträglich zu korrigieren und Versäumnisse, die zu Lasten des Lehrers gehen, auszubügeln.

› Tipp 63

Wesentliche Aspekte des Themas zusammenfassen

Checklisten sind dann eine individuelle Hilfe für jeden Schüler, wenn sie auf der Basis eines klar strukturierten und fachlich angemessenen Unterrichts die wesentlichen Aspekte des Themas noch einmal zusammenfassen und so, z. B. bei der nächsten Klassenarbeit, als Orientierungshilfe dienen können.

Beispiel:
Checkliste „Beschreibung" – Deutsch, Klasse 5

Wir unterscheiden zwischen Gegenstands-, Personen- und Vorgangsbeschreibungen. Alle dienen dem Zweck, jemanden, der den Gegenstand, die Person oder den Vorgang nicht kennt, möglichst genau zu informieren. Eine Beschreibung muss daher nicht lebhaft oder spannend, sondern informativ sein.

Beachte folgende Punkte:
1. Die Beschreibung muss sachlich und sehr präzise gehalten werden.
2. Achte auf den richtigen Ausdruck und darauf, dass nicht zu viele Wiederholungen vorkommen.

3. Schreibe in der Zeitform Präsens und achte auf grammatische Richtigkeit.
4. Benutze Fachausdrücke und möglichst genaue Beschreibungen (z. B. Farbnuancen, genaue Beschreibung der Form, des Materials usw.)
5. Verbinde die Sätze zu einem durchgehenden Text und benutze nicht immer die gleichen Wörter (wie „hat" oder „ist").
6. Achte auf eine sinnvolle Reihenfolge! (Gehe bei einer Gegenstands- oder Personenbeschreibung z. B. von oben nach unten, von links nach rechts, von innen nach außen usw. vor.)
7. Zu einer Gegenstandsbeschreibung gehört die Angabe der Funktion des Gegenstandes.
8. Bei einer Personenbeschreibung kommt es darauf an, die Person so treffend wie möglich zu beschreiben (verwende z. B. treffende Adjektive).
9. Bei der Vorgangsbeschreibung muss die richtige Reihenfolge der Handgriffe oder sonstigen Vorgänge eingehalten werden.

Gleich mal ausprobieren

Fertigen Sie für Ihre nächste Klassenarbeit eine Checkliste an (ggf. auch unter Beteiligung der Schüler). Vorschläge zur Gestaltung von Checklisten finden Sie in Tipp 54. Verteilen Sie die Checkliste vor der Klassenarbeit an die Schüler und besprechen Sie sie mit ihnen.

❯ Tipp 54

54 CHECKLISTEN GESTALTEN

› Tipp 53

Im Folgenden finden Sie zwei Muster, wie Sie Ihre Checkliste (Tipp 53) gestalten können.

Checkliste – Muster

Name:			
Das habe ich gelernt.	Schreibe mindestens drei Beispiele auf.	Schreibe Aufgaben auf, mit denen du noch Probleme hast.	Hilfestellungen und Übungen findest du …
Ich habe Bruchzahlen kennengelernt.			Buch, Seite 51/52 Aufg. 6–23
Ich kann Brüche kürzen.			Buch, Seite 65/66 Aufg. 16, 17, 20
Ich kann Brüche erweitern.			Buch, Seite 67/68 Aufg. 5, 7, 12, 13
Ich kann Brüche der Reihe nach ordnen.			Karteikasten „Brüche" Nr. 1–5
Ich kann Brüche am Zahlenstrahl ablesen.			Lernwerkstatt, Zahlenstrahlkasten
Ich kann Brüche am Zahlenstrahl darstellen.			Station „Zahlenband"

Variation der Checkliste

	Das kann ich.	Da bin ich unsicher.	Das kann ich nicht.
Gleichwertige Brüche			
Ich kann erklären, wann zwei Brüche gleichwertig sind.	☐	☐	☐
Ich kann zu einem angegebenen Bruch viele gleichwertige Brüche finden.	☐	☐	☐
Ich kann Brüche erweitern und kürzen.	☐	☐	☐
Ich kann Brüche in Prozenten schreiben und umgekehrt.	☐	☐	☐
Brüche vergleichen			
Ich kann entscheiden, welcher von zwei Brüchen größer ist.	☐	☐	☐
Ich kann erklären, wieso ein Bruch kleiner ist als der andere.	☐	☐	☐
Übungen und Trainingsaufgaben findest du im Buch auf Seite ...			

LERNTAGEBUCH SCHREIBEN

55

Das Lerntagebuch (oder Lernjournal) bietet Schülern die Möglichkeit, ihre eigenen Lernprozesse zu reflektieren (Tipp 31). Jeder Schüler dokumentiert seine Lernerfahrungen und Lernerlebnisse in einem persönlichen Tagebuch.

❯ Tipp 31

> **Achtung!**
> Auf keinen Fall dürfen die Eintragungen der Schüler korrigiert und beurteilt werden. Das Lerntagebuch ist Eigentum des Schülers und dient vornehmlich seiner Selbstevaluation. Das Lerntagebuch kann aber nach Absprache mit dem jeweiligen Schüler als Grundlage für ein Schüler-Eltern-Lehrer-Gespräch dienen.

Das Führen von Lerntagebüchern ermöglicht Schülern,
- ihre eigenen Lernprozesse selbst nachzuvollziehen und zu dokumentieren,
- zu reflektieren, was noch nicht gelernt bzw. verstanden wurde,
- ein Bewusstsein für die Bedeutung der verschiedenen Lerninhalte zu entwickeln,
- Selbstverantwortung für das eigene Lernen zu entwickeln,
- Selbstbewusstsein zu entwickeln, indem die Lernerfolge und ihr Zustandekommen verstanden werden.

Freie und gelenkte Form der Einträge

Es gibt unterschiedliche Möglichkeiten, Lerntagebücher zu führen. Je nach Altersstufe und Häufigkeit der Eintragungen sollte die Lehrkraft die Form der Reflexion vorgeben. Diese kann frei sein, d. h., die Lehrkraft überlässt den Schülern, was sie eintragen wollen. Eine systematische Reflexion findet dadurch statt, dass die Lehrkraft Leitfragen formuliert, die den Schülern Anreize zur Selbstreflexion bieten. Solche Leitfragen können sein:
- Was hast du heute gelernt?
- Wie hat das Lernen heute geklappt (Arbeitsverhalten)?
- Was hast du heute nicht verstanden?
- Wie kannst du dich morgen verhalten, damit du das, was du bisher nicht verstanden hast, verstehst?

❯ Tipp 22, 27, 91

Besonders bei der Reflexion bestimmter Lerninhalte ist die Offenlegung der Unterrichtsziele vonseiten der Lehrkraft Voraussetzung (Tipp 22, 27, 91).

DOSSIER ANFERTIGEN

56

Ein Dossier ist eine Sammlung von Dokumenten, die die einzelnen Lernschritte der Schüler festhält. Durch das Anfertigen von Dossiers erhalten vorrangig Schüler, aber auch Lehrer, Eltern und Mitschüler die Möglichkeit, sich einen Überblick über den (eigenen) Lernfortschritt und den aktuellen Kenntnisstand zu verschaffen. Daraus lassen sich neue Ziele für die eigene Lernentwicklung und individuelle Fördermaßnahmen entwickeln. Der Schüler übernimmt auch hier in Selbstverantwortung die Planung realistischer Übungssequenzen (Tipp 58), die konkrete Umsetzung wird mithilfe des Lehrers realisiert.

Überblick über den (eigenen) Lernfortschritt

❯ Tipp 58

Achtung!
> Das Dossier sollte keine willkürliche Ansammlung von Arbeitsblättern darstellen! Die Arbeiten im Dossier sind so angelegt, dass ein individueller Lernfortschritt klar erkennbar ist und dem jeweiligen Kompetenzbereich zugeordnet wird.

So werden z. B. am Ende einer Unterrichtseinheit zu gerade behandelten Lernbereichen freie Texte (sogenannte Ich-Texte) von den Schülern geschrieben, die sich auf ihr alltägliches Leben beziehen. Anhand von selbst produzierten Texten (Hilfestellungen für schwache Schüler: kurze Satzanfänge, Formulierungshilfen, Lückentexte) wird deutlich, ob die Schüler in der Lage sind, die Unterrichtsinhalte auf ihre eigenen alltäglichen Situationen zu übertragen.

Zu einem bestimmten Thema wird eine kleine Arbeit in Form einer Schul- oder Hausaufgabe erstellt, die im Dossier (einer Mappe oder einem Ordner) abgeheftet wird.

Beispiel für ein Dossier:
Die Schüler schreiben einen eigenen Dialog zum Thema „Shopping", den sie mit einem Partner gemeinsam auswendig lernen. Dieser Dialog wird – so kurz wie möglich, so

lang wie nötig – der Klasse vorgeführt. Anhand der Kriterien zum „Sprechen" im Fremdsprachenunterricht (diese müssen allerdings vorher mit den Schülern vereinbart werden) entscheiden die Mitschüler über die Qualität des Vorgetragenen.

Die Partner heften in ihrem Dossier sowohl den Dialog (Kompetenzbereich „Schreiben") als auch die Bewertung durch die Mitschüler und den Lehrer (Rückmeldung über das Gelingen der Aussprache, den Umgang mit neu gelernten Phrasen) ab.

Gleich mal ausprobieren

- Wählen Sie ein Thema aus dem Alltag der Schüler aus, das sich problemlos mit Ihren Unterrichtsinhalten und den Kompetenzen der Schüler bearbeiten lässt (z. B. Handy, Computerspiel, Modeschmuck usw.).
- Entwickeln Sie differenzierte Hilfestellungen für die Schüler. So können die Schüler z. B. in Form eines Ratespiels die Situation oder den Gegenstand beschreiben.
- Das Ergebnis wird im Dossier abgeheftet.

LERNENTWICKLUNG DOKUMENTIEREN

57

> Tipp 10

Lehren und Unterrichten ist dann besonders effektiv, wenn Kenntnisse über die Lernenden in die Planung und Durchführung des Unterrichts einfließen und die individuellen Lernvoraussetzungen der Schüler berücksichtigt werden (Tipp 10). Folgende neurobiologische Befunde belegen die oben genannte Aussage:

- Das Gehirn lernt und behält am besten, was für die Lebenssituation bedeutungsvoll ist, denn die neuronalen Strukturen sind auf Sinn, Relevanz und Muster angelegt

> Tipp 61

(Tipp 61).
- Häufige oder ähnliche Muster unterstützen den Aufbau von Verbindungen und Strukturen, widersprüchliche stören oder verhindern dies.

- Neuronale Prozesse verlaufen parallel und arbeitsteilig, d. h., nur häufige und ähnliche Erfahrungen in verschiedenen Kontexten bilden Orientierungsmuster als „neuronale Landkarten" (Tipp 9).
- Die Hirnrinde lernt langsam, d. h., viele ähnliche Wahrnehmungen und Erfahrungen sind erforderlich, um das Regelhafte zu extrahieren.
- Nachhaltige soziale Lernergebnisse entstehen nur dann, wenn Wissen, Können und Handlungserfahrungen miteinander in Bezug gesetzt werden können.

❯ Tipp 9

1. Die Lernentwicklungsdokumentation enthält:
- Aussagen zur Lernausgangslage,
- die im Planungszeitraum angestrebten Ziele,
- Maßnahmen, mit denen die formulierten Ziele erreicht werden sollen,
- die Beschreibung des Fördererfolgs durch Lehrkraft und Schüler.

2. Ziele der Lernentwicklungsdokumentation:
Lehrkräfte
- vergleichen Beobachtungen über Lernverhalten und Leistungen untereinander,
- beziehen individuelle Lernvoraussetzungen in die Planungen mit ein,
- beschließen Maßnahmen, die für die individuelle Lernentwicklung förderlich sind.

Schüler
- entwickeln ein Bewusstsein über Lernfortschritte, für persönliche Stärken und ein realistisches Bild der Lernmöglichkeiten,
- sehen ihre Mitverantwortung für den eigenen Bildungsweg.

Erziehungsberechtigte
- erhalten eine Rückmeldung über den Lernstand und die Lernentwicklung.
- Absprachen über „Erziehungspartnerschaft" sind möglich.

Ziele der Lernentwicklungsdokumentation

58 LERNPORTFOLIOS ANLEGEN

› Tipp 50, 32

Legen Sie für jeden Schüler ein individuelles Lernportfolio an, in dem alle Porträts (Tipp 50), Lernvereinbarungen (Tipp 32) usw. gesammelt werden. So lässt sich der Lernverlauf gut und inhaltlich strukturiert nachvollziehen – nicht nur für den Schüler, sondern auch für die Eltern und für uns Lehrer. Auch die Lehrer der nachfolgenden Jahrgänge können die schriftlich fixierten Vereinbarungen und Pläne als Grundlage für ihre Arbeit mit dem Schüler nutzen.

Grundlage für die Arbeit mit dem Schüler

> **Achtung!**
> Die Form dieser Portfolios ist keineswegs beliebig, sondern seine Elemente sollten so gestaltet sein und entwickelt werden, dass sie den individuellen Lernzuwachs und -erfolg nachvollziehbar machen, d.h., sie müssen nach immer dem gleichen „Strickmuster" entstanden sein. Das Sprachniveau ist sicherlich in den unteren Jahrgängen leichter und sollte in den höheren Jahrgängen dem Niveau der Schüler angepasst werden.
> Nur bei immer gleichen Kriterien bzw. Indikatoren lässt sich eine Entwicklung nachvollziehen.

Portfolios bei Elternsprechtagen nutzen

Einen weiteren Vorteil bieten Portfolios bei Schülern und Elternsprechtagen. Hier kann man das Portfolio als Grundlage nutzen, um detailliert aufzuzeigen, wie sich der einzelne Schüler entwickelt hat. Bemerkungen wie „Meine Tochter hat bei Ihnen in Mathe ja nur eine Vier, was haben Sie denn da falsch gemacht?" gehören dann nicht mehr zum Gespräch.

INDIVIDUELLES LERNPORTFOLIO

Gestalten Sie ein individuelles Lernportfolio, z. B. so:

Inhalt	Halbjahr	Schuljahr
1. Schülerporträt		X
2. Selbsteinschätzungsbogen – Lernverhalten – Arbeitsverhalten – Selbstständigkeit – Lerngewohnheiten	X	
3. Standardisierte Tests – Lernstandserhebungen		X
4. Curriculare Tests – Deutsch – Mathe – Englisch	X	
5. Lernpläne – inhalts-/prozessbezogen – individuell (individuelles Lerntraining)	X	
6. Checktests – Checkliste – Mindmaps, Cluster	X	
7. Kompetenztests – Leistungskontrollen – Klassenarbeiten – Klausuren	X	
8. Lernbeobachtungsbogen – Selbsteinschätzung/ Fremdeinschätzung – Beobachtungsbogen	X	
9. Portfoliobrief		X

LERNENTWICKLUNG DOKUMENTIEREN

60 Lernleistungen ernst nehmen

> Tipp 11

Leistungsvermögen maßvoll unterschätzen

> Tipp 73

Lehrer neigen zu dem Urteil, dass sie ihre Schüler selten oder nie unterfordern. Schülerurteile zum selben Lehrer stehen zum Teil in krassem Gegensatz dazu. Wie ist dieser Gegensatz aufzulösen? Die Diagnosen, die die Lehrer über ihre Schüler quasi automatisch anstellen (Tipp 11), können und sollen wissenschaftlich nicht objektiv sein, sondern müssen vom Prinzip der pädagogisch positiven Voreingenommenheit ausgehen. Es ist sinnvoll, dass Lehrer das Leistungsvermögen ihrer Schüler maßvoll unterschätzen! Wenn der Schüler dann das angepeilte Leistungsniveau erreicht oder sogar übertrifft, fällt die positive Verstärkung leicht (Tipp 73).

Um die Ecke gedacht

Die Vorstellung, Lehrer hätten wie Richter zu sein, und genauso objektiv, unparteiisch und gerecht zu entscheiden, ist nicht haltbar: Der Richter sieht mehr in die Vergangenheit und stellt fest, was gewesen ist; als Pädagoge hat man vor allem die Zukunft vor Augen und bedenkt, was werden kann. Die wichtigste Aufgabe – ohne Gesetzbuch im Hintergrund – ist, die Entwicklung des Individuums zu fördern, seine Möglichkeiten zu entfalten. Die Gerechtigkeit des Pädagogen besteht in der möglichst unvoreingenommenen, genauen Beobachtung jedes Einzelnen, seiner individuellen Voraussetzungen und Möglichkeiten, in der gleichen Zuwendung und im Finden der passgenauen Lernaufgaben.

Gleich mal ausprobieren

Welcher Schüler hört schon gern und ohne Folgen permanent von seinem Lehrer, wie dumm er sei und wie viel besser und klüger die Schüler früher gewesen wären! Also drehen Sie den Spieß um und überlegen Sie:
- Wie kann ich Lernfortschritte von Schülern realistisch und positiv feststellen?

- Welche positiven Reaktionen sind möglich, die zu mir und meinem Typ passen?
- Wie kann ich eine „Kultur der positiven Verstärkung" in meiner Klasse oder Lerngruppe installieren (Tipp 86, 90)?

❯ Tipp 86, 90

Empirische Untersuchungen haben gezeigt, dass eine so verstandene diagnostische Kompetenz des Lehrers, verbunden mit einer klaren Strukturierung des Unterrichts, zum Lernerfolg bei den Schülern beiträgt.

DEN SINN DES LERNENS VERDEUTLICHEN

61

Lehrer fordern von ihren Schülern vielfältige Leistungen ein: von der Matheaufgabe bis zur Komposition eines Musikstückes, vom geschickt dargebotenen naturwissenschaftlichen Experiment bis zur Kreishocke am Barren. Auf so ziemlich alle Schülerfragen haben Lehrer eine Antwort – nur bei den Fragen „Wozu sollen wir dies alles lernen?" und „Wann in unserem späteren Alltag können wir das gebrauchen?" retten sie sich oft in banale Allgemeinplätze.

„Wann in unserem späteren Alltag können wir das gebrauchen?"

Achtung!

Handelnd erworbenes Wissen ist dauerhafter und gründlicher. Lernen ist dann effektiver, wenn mit möglichst vielen „Eingangskanälen" gearbeitet wird (Tipp 9).
Noch wichtiger für den Lernerfolg scheint die Möglichkeit, das Gelernte weiterhin auch außerhalb der Schule anwenden zu können (und zu müssen). Dies entscheidet wesentlich über Dauerhaftigkeit und subjektiv empfundene Sinnhaftigkeit der eingeforderten Fähigkeiten, Fertigkeiten und Kompetenzen.

❯ Tipp 9

Beispiel:
Thomas baut sich ein Bücherregal. Die einzelnen Segmente sind einen Meter breit und sollen so hoch wie möglich sein.

Die draußen zusammengebauten Teile bringt er durch die Tür und stellt sie in seinem Zimmer auf. Das Zimmer hat eine Höhe von 255 cm, die Regaltiefe beträgt 35 cm. Er überlegt: „Wie hoch darf das Regal maximal sein, um es noch aufstellen zu können?"
Hier hilft der Satz des Pythagoras weiter: $a^2 + b^2 = c^2$.
Thomas ist b bekannt (35 cm), desgleichen kennt er c (maximal 244 cm), der Rest ist schnell berechnet. „Hätte ich nie für möglich gehalten, dass so ein griechischer Mathematiker zu was taugen könnte!", staunt Thomas anschließend.

Achtung!

❯ Tipp 91

Schüler begreifen die in den Schulen vermittelten Kenntnisse, Fähigkeiten, Fertigkeiten und Kompetenzen dann als sinnvoll, wenn es für sie eine Perspektive über die Schule (bzw. die nächste Klassenarbeit) hinaus gibt. Sie sollten bei der Planung der Unterrichtseinheiten deshalb diese Perspektive von Anfang an mitdenken und in die Planung integrieren (Tipp 91).

62 Leitfragen für Klassenarbeiten

Auf Klassenarbeiten können wir ebenso wenig verzichten wie auf Leistungsbewertungen allgemein. Ohne die Dokumentation der Schülerleistung kann Schule ihren gesellschaftlichen Auftrag nicht erfüllen.

Achtung!

❯ Tipp 33, 53

Auch wenn viele Menschen Prüfungen wie z. B. Klassenarbeiten als „sadistisches Ritual" ansehen, kann Schule auf diese Form von Überprüfung nicht verzichten – was aber nicht heißt, dass die Gebote der Fairness und Transparenz bei schriftlichen Lernkontrollen keine Rolle spielen sollten (Tipp 33, 53)!

Gleich mal ausprobieren

Berücksichtigen Sie bei der Planung, Durchführung und Korrektur der nächsten Klassenarbeit die folgenden Aspekte.

1. Vorbereitung:
- Sind die Schüler gut genug vorbereitet?
- War ausreichend Gelegenheit zum Üben und Wiederholen?
- Sind die Ziele deutlich (Tipp 91)? ❯ Tipp 91
- Wissen alle, worauf es jetzt ankommt?

2. Sachebene/Schwierigkeitsgrad:
- Ist die Aufgabe aufgrund der gegebenen Voraussetzungen lösbar?
- Ist die Aufgabe verständlich, eindeutig und altersgerecht?

3. Individuelle Förderung:
- Gebe ich einen wichtigen Hinweis zu den Lernfortschritten?
- Bekommt der Schüler Hilfen, diese zu verbessern?
- Werden die Leistungsfähigkeit und das Selbstwertgefühl des Schülers gestärkt?

INHALTLICHE KLARHEIT HERSTELLEN

63

Inhaltliche Klarheit ist mehr als fachliche Richtigkeit. Weitere wichtige Aspekte sind: verständliche Aufgabenstellung, einsichtige Gliederung und sinnvolle Ergebnissicherung (Tipp 91). ❯ Tipp 91

Um die Ecke gedacht

> Wenn man Lehrer fragt, was sie unter „inhaltlicher Klarheit des Unterrichts" verstehen, setzt eine große Mehrheit diesen Begriff mit „fachlicher (fachwissenschaftlicher) Korrektheit" gleich. Dies ist insofern richtig, als die Schüler das fachlich Richtige lernen müssen. Die Definition reicht aber nicht aus. Inhaltliche Klarheit zeigt sich auch in der thematischen und methodischen Gliederung des Unterrichts, die für die Schüler verständlich sein muss.

Gleich mal ausprobieren

- Die Aufgabenstellung:
Diese muss nicht nur die fachliche und methodische Seite des Themas angemessen verarbeiten, sondern auch die Lernvoraussetzungen der Schüler berücksichtigen (Tipp 10).

❯ Tipp 10

- Einsichtige Gliederung:
Eine klare Phasierung der Stunde, passender Medieneinsatz, Rückmeldeschleifen, der Einbau beurteilungsfreier Übungsphasen (Tipp 69) sowie ein linearer, vernetzenderr oder spiralcurricular angelegter Stundenverlauf.

❯ Tipp 69

- Sinnvolle Ergebnissicherung:
Genaue (unter Umständen protokollierte) Absprachen zwischen Schülern und Lehrer darüber, was als gesicherter Lernstand der Stunde oder Einheit gilt und z. B. bei der nächsten Lernkontrolle abgeprüft wird (Tipp 37).

❯ Tipp 37

64 RELIABILITÄT BEACHTEN

Reliabilität bedeutet Zuverlässigkeit. Die angewendeten Beurteilungskriterien und -verfahren müssen die zu beurteilenden Merkmale auch wirklich korrekt messen – und nicht etwas ganz anderes.

Um die Ecke gedacht

Schülerurteile über Lehrer sind mittlerweile in vielen Abschlusszeitungen und Internetforen ein fester Bestandteil. Die Lehrer werden mithilfe von Fragebögen nach bestimmten Kriterien beurteilt, dann wird eine Rangliste aufgestellt, aus der sich z. B. ergibt, dass Lehrer Meier am meisten Humor hat. Aber haben die Schüler wirklich „den Humor" dieses Lehrers beurteilt? Was ist überhaupt Humor und wie äußert er sich? Ist hier nicht vielmehr derjenige Lehrer auf den ersten Platz gehievt worden, der die lockersten Sprüche „draufhat"?

Leistungsüberprüfung als Bestandteil des individuellen Förderns muss sich die Frage stellen, ob die gewählten Verfahren sachangemessen sind und wirklich das überprüfen, was gemessen werden soll. Dabei gilt der Grundsatz, dass die Anzahl der unabhängig voneinander gestellten Einzelaufgaben zu einem Lernziel oder -bereich die Reliabilität erhöht.

Was wird tatsächlich überprüft?

Beispiel:
Der Abschluss einer Unterrichtseinheit soll in Form einer schriftlichen Lernkontrolle erfolgen. Als Beispiel sei hier ein bestimmter Bereich der deutschen Rechtschreibung angeführt, etwa die Zusammen- und Getrenntschreibung. Statt eines „normalen" Diktattextes, in dem der Schüler vielleicht drei-, vier- oder fünfmal eine diesbezügliche Entscheidung treffen muss, gibt es einen Lückentext, der in jedem Satz mindestens eine Entscheidung über Zusammen- oder Getrenntschreibung erfordert, insgesamt also vielleicht 30-mal. Die Reliabilität ist so erheblich höher!

Validität berücksichtigen

65

Validität bedeutet Gültigkeit: Ein Untersuchungsverfahren ist dann gültig, wenn es den zu messenden Gegenstand und nichts anderes exakt misst und sich das Urteil auch tatsächlich auf die Leistung bezieht, die gemessen werden sollte.

Um die Ecke gedacht

> Wenn ein guter Teil der Lerngruppe es einfach nicht schafft, alle Aufgaben, einer Klassenarbeit in der vorgegebenen Zeit zu bearbeiten, wird ein wesentlicher Bestandteil der zu erbringenden Leistung völlig fachfremd sein: Es geht dann nämlich nicht mehr nur um z. B. das Lösen von quadratischen Gleichungen, sondern genauso um Schnelligkeit! Das eigentlich beabsichtigte Testziel – die Überprüfung des Lernstandes der Schüler – wird so verfälscht.

Bewertungskriterien gemeinsam erarbeiten

Die „kommunikative Validierung" ist eine gute Möglichkeit, um ein höheres Maß an Transparenz und Gültigkeit zu erzielen: Schüler und Lehrer erarbeiten in einem gemeinsamen Gesprächsprozess Bewertungskriterien für eine zu erbringende Leistung. Die Schüler wissen vor der Lernkontrolle im Detail, welche Leistungen sie erbringen sollen und was sie genau erwartet. Je älter die Schüler sind und je mehr Erfahrung sie in der kommunikativen Validierung haben, desto größer kann ihr eigener Anteil an der Entwicklung der Bewertungsmaßstäbe sein.

Gleich mal ausprobieren

Das Thema „Gedichtinterpretation" ist in den Klassen 5–10 ein immer wiederkehrendes Thema des Deutschunterrichts. Lehrer und Schüler können gemeinsam Kriterien sammeln, wie solch eine Interpretation auszusehen hat und einen Beurteilungsbogen entwickeln. Ein Beispiel aus der Klasse 9/10 ist hier abgedruckt.

Einleitung

Autor, Titel, Entstehungszeit, Epoche, biografische Informationen werden genannt.

Eine angemessene Arbeitshypothese wird formuliert.

Hauptteil

Äußere Form: Aufbau, Strophen, Reimschema, Metrum, Zeilen-/Hakenstil werden erkannt.

Sprachliche Auffälligkeiten (z. B. Metaphern, Neologismen, Syntax, Wortspiele ...) werden beschrieben.

Die Verklammerung von Form und Inhalt wird zutreffend analysiert (und ggf. durch Textverweise belegt).

Das zentrale Thema und die Atmosphäre des Gedichtes werden angemessen gedeutet.

Schluss
Die Ausgangsthese wird wieder aufgegriffen und weitergeführt.
Es findet sich ein abschließendes und wertendes Fazit.

Mündliche Leistungen bewerten

66

„Verhandlungen" über mündliche Leistungen zwischen Lehrer und Schülern basieren auf Beobachtung und Erinnerung beider Seiten, ungeachtet aller Notizen, die der Lehrer vielleicht während des Unterrichts angefertigt hat.

Um die Ecke gedacht

> Bei jeder Form der Leistungsbewertung mündlicher Mitarbeit stellt sich daher sofort die schwierige Frage der Gewichtung von Quantität, also der Häufigkeit des Meldens, und Qualität der geäußerten Beiträge. Verschärft wird dieses Problem im Regelfall noch dadurch, dass Schüler bei sich und bei den anderen Mitschülern nur die Quantität wahrnehmen („Ich habe mich doch immer gemeldet und kriege nur eine Drei, und Jürgen döst meistens vor sich hin und kriegt eine Zwei!"). Diskussionen dieser Art kann man als Lehrer nur erfolgreich bestehen, wenn genaue Kriterien zur Beurteilung der qualitativen Leistungen mündlicher Beiträge vorliegen.

Stellen Sie deswegen genaue Kriterien zur Differenzierung von Teilbereichen der mündlichen Leistungswertung gerade im qualitativen Bereich auf! Die Quantität, also die Häufigkeit der Wortmeldung, bedarf ja keiner weiteren Differenzierung als der, dass derjenige, der sich aus eigenem Antrieb meldet, besser bewertet wird als der, der erst nach Ansprache und Aufforderung zu Beiträgen bereit ist.

Kriterien zur qualitativen Bewertung der mündlichen Leistung aufstellen

Gleich mal ausprobieren

Die folgende Untergliederung ist eine Anregung mit einigen Grundbeispielen; Sie sollten sie für Ihre jeweilige Klasse, Jahrgangsstufe, das Fach und die Schulform präzisieren und differenzieren.

1. Reproduktive Leistungen (Kennen, Wissen): Antworten auf Wissensfragen, Vokabeln oder mathematische Verfahrensweisen kennen.
2. Transferleistungen: etwas übertragen auf neue Sachverhalte, neue Lösungsstrategien entwickeln.
3. Produktive Leistungen: den Unterricht vorantreiben, neue Lösungen vorschlagen und entwickeln, Kritik üben.

67 BEOBACHTUNGSBOGEN FÜR MÜNDLICHE LEISTUNGEN

❯ Tipp 66

Auch wenn mündliche Leistungen im Regelfall nur in der „Flüchtigkeit des gesprochenen Wortes" vorliegen und nicht in dokumentierter, „justiziabler" Form, ist ihre differenzierte Bewertung aus der Schule nicht wegzudenken (Tipp 66).

Achtung!

Es gibt eine Fülle von Rastern und Bewertungsbögen zur Erfassung der mündlichen Leistung, z. B.:
Situation: keine freiwillige Mitarbeit im Unterricht. Äußerungen nach Aufforderung sind falsch.
Fazit: Die Leistung entspricht den Anforderungen nicht und ist ungenügend (6).

Solch ein Raster ist hilfreich, enthält aber viele Probleme. Zwei Beispiele: Peter sagt nichts von sich aus, sondern nur auf Aufforderung, dann aber etwas Gutes. Klaus dagegen meldet sich ständig, aber es kommt nur „warme Luft" – beides ist im Bogen nicht vorgesehen.

Teilaspekte und Teilleistungen müssen also gesondert und unabhängig voneinander bewertet und individuell gewichtet werden können, wie das mit dem folgenden Bewertungsbogen möglich ist.

Mündliche Leistungen differenziert bewerten

Bewertungsbogen: Mündliche Leistung

Leistungsaspekt	Beschreibung	Note
Mitarbeit und Äußerungen – quantitativ	sagt nie etwas	6
	nur nach Aufforderung	4–5
	gelegentlich	3–4
	regelmäßig	2–3
	herausragend oft	1–2
Mitarbeit und Äußerungen – qualitativ	sachlich durchweg falsch	6
	sachlich überwiegend falsch	4–5
	notwendige Grundkenntnisse im Ansatz vorhanden	3–4
	sachlich überwiegend richtig	2–3
	sachlich durchgängig richtig	1–2

Gleich mal ausprobieren

Entwerfen Sie selbst einen Beurteilungsbogen für die weiteren Aspekte der mündlichen Leistung. Sie können sich an den folgenden Differenzierungskriterien orientieren:
- Fähigkeit zur Verknüpfung mit anderen Wissensgebieten oder Themenbereichen,
- Problemerkennungs- und Problemlösungsfähigkeit,
- allgemeiner Sprachgebrauch, Fachsprachenverwendung.

Themenpläne differenziert nutzen

Themenpläne werden auf der Basis der Lehrpläne von Fachkonferenzen erstellt. Sie geben in verbindlicher Form die zu vermittelnden Inhalte und die zu erwerbenden Kompetenzen für eine Unterrichtseinheit an. Sie differenzieren dabei zwischen „grundlegenden Kenntnissen" und „vertieftem Wissen" und bilden so die Basis für individuelle Lernprozesse.

Möglichkeit der Lernindividualisierung

Lehrpläne, die nicht mehr vom „Lernen im Gleichschritt" ausgehen und nicht mehr für alle Schüler einheitliche Lernziele formulieren, bieten die Möglichkeit der Lernindividualisierung. So können z. B. bessere Schüler in einem Tutorensystem die schwächeren beim Erwerb der grundlegenden Kenntnisse unterstützen und durch diese Lehrtätigkeit schließlich selbst ihr Wissen anwenden, vertiefen und festigen (Tipp 74, 84, 85, 96).

❯ Tipp 74, 84, 85, 96

Gleich mal ausprobieren

Im Politikunterricht der 9. Klasse Gymnasium in Niedersachsen lautet eine Einheit „Der Jugendliche im Wirtschaftsgeschehen". Der Themenplan zum ersten Teil dieser Einheit sieht wie folgt aus:

Grundlegende Kenntnisse:
- Die eigenen Bedürfnisse angeben können.
- Sich erste Gedanken über die Gewichtung der eigenen Bedürfnisse machen.

Vertieftes Wissen:
- Herkunft der eigenen Bedürfnisse reflektieren.
- Grundsätzliche Möglichkeit der Lenkung eigener Bedürfnisse durch Werbung erkennen.

Nach einer Brainstorming-Phase, in der die vorhandenen Bedürfnisse schlicht genannt und aufgelistet worden sind, setzt eine Differenzierung in leistungsheterogenen Kleingruppen an, in denen die stärkeren Schüler mit den schwächeren über die Herkunft von Bedürfnissen und deren mögliche Lenkung diskutieren.

BEURTEILUNGSFREIE ÜBUNGSPHASEN EINBAUEN

69

Schüler müssen die Möglichkeit haben, lernen zu können, ohne dass ihre Lernleistungen, ihre Fehler und ihre Lernumwege gleich zur Note gezählt werden. Die Vorstellung vieler Kollegen, die Größe der „Datenmenge", auf der die Note eines Schülers aufbaut, sei der wichtigste Garant für Objektivität, ist so nicht haltbar und derjenige Lehrer, der in jeder Stunde „sein Notenbüchlein zückt", wird wirkliche und nachhaltige Lernprozesse bei seinen Schülern eher verhindern als fördern.

> Fehler und Umwege beim Lernen gestatten

Um die Ecke gedacht

Was geschieht in so einem Unterricht aus Schülersicht? Der Schüler weiß genau, dass sein Lehrer jede Äußerung von ihm, jede Frage, jede Bemerkung zum Nebenmann (bei Partner- oder Gruppenarbeit), jeden Fehler in der Hausaufgabe oder der Übung während des Unterrichts genau registriert und zur Leistungsbewertung heranzieht. Was kann man also als Schüler für eine möglichst gute Zensur tun?
- Fehler vertuschen, denn sie wirken sich negativ auf die Leistungsbewertung aus.
- Auf keinen Fall den Lehrer fragen, wenn man etwas nicht verstanden hat, denn es kann ein Minuspunkt sein, durch Nichtverstehen aufzufallen.
- Neue Lernwege vermeiden, weil sie im Gegensatz zum Hauptweg nicht mit Sicherheit zum Ziel führen.

Wirklich sinnvoll lernen kann ausschließlich derjenige, der Fehler machen darf, ohne dass dies zu Sanktionen führt! Mit anderen Worten: Ein Unterricht, der auf dem Prinzip des individuellen Förderns aufbaut, wird dann „falsche Daten" erhalten, wenn die Schüler sich permanent in einer Leistungsmessungssituation befinden, denn dann werden sie all das eher vermeiden, was eigentlich der Ansatzpunkt für individuelles Fördern sein sollte (Tipp 89).

> Individuelles Fördern braucht beurteilungsfreie Lernphasen

❯ Tipp 89

TRANSPARENTE LEISTUNGSERWARTUNGEN

> **Gleich mal ausprobieren**
>
> Treffen Sie mit Ihrer Klasse oder Lerngruppe eine klare Absprache! Beispielsweise legen Sie gemeinsam fest, dass in den nächsten drei Wochen in allen Unterrichtsphasen nicht benotet wird und es erst dann, wenn diese Phase eindeutig abgeschlossen ist, eine Leistungsüberprüfung gibt, z.B. durch einen Test, eine Klassenarbeit oder auch mündlich zu erbringende Leistungen.

> **Achtung!**
>
> Vertrauen zwischen Schülern und Lehrer entwickelt sich dann, wenn die Schüler merken, dass der Lehrer es tatsächlich ernst meint. Dieses Vertrauen darf man natürlich auf gar keinen Fall dadurch missbrauchen, dass man entgegen der oben genannten Vereinbarungen doch heimlich Noten vergibt!

Echte Lernzeit erhöhen

Die klare Trennung beurteilungsfreier Lernphasen von der Situation der Leistungsbewertung erhöht den Anteil echter Lernzeit im Unterricht und macht Lernvermeidungsstrategien auf Schülerseite überflüssig.

LERNPROZESSE BEGLEITEN

70

Die Lernwege, die Schüler in ihrem Alltag beschreiten, sind oft mühselig und anstrengend, voller Irrwege und Abzweigungen, an denen die Schüler nicht wissen, welcher Weg der richtige ist …

Lernprozesse durch Feedback verständlich machen

Die Aufgabe der Lehrkraft ist es, dies zu begleiten und den Schülern in Form eines Feedbacks den weiteren Weg zu beleuchten. Nur dann können Irrwege vermieden und Abzweigungen ohne Stopp durchschritten werden.

❯ Tipp 71

Das heißt in der Praxis, dass Lernprozesse systematisch von der Lehrkraft beobachtet (Tipp 71) und die Ergebnisse regelmäßig an den Schüler weitergeleitet werden müssen.

Die Form der Rückmeldung ist abhängig von der Lernintention des Schülers oder andersherum von der Lehrabsicht der Lehrkraft (Tipp 33, 34, 38).

❱ Tipp 33, 34, 38

Die Rückmeldung kann zwischen dem Lehrer und einem einzelnen Schüler (Tipp 73) oder auch mehreren sowie zwischen Schülern (Tipp 72) erfolgen.

❱ Tipp 73, 72

Während individuelle Lernprozesse eher in Einzelgesprächen rückgemeldet werden, bietet sich eine Rückmeldung über soziale Lernprozesse beispielsweise in den Kleingruppen innerhalb der Klasse an, die im Unterricht häufig zusammen Gruppenarbeiten erledigen oder als Tischgruppe zusammensitzen.

Rückmeldungen in Einzelgesprächen bzw. Kleingruppen

Das Gespräch sollte zum Ziel haben, das eigene Lernverhalten in der Gruppe so anzupassen, dass sich individuelle Lernprozesse weiterentwickeln können und gleichzeitig das Lernen miteinander sich effektiver gestaltet.

Im Rahmen eines Gruppengespräches können beispielsweise folgende Merkmale von den Schülern herausgearbeitet werden:
- Wie nehme ich mein Lernen in der Gruppe wahr?
- Wie nehmen die anderen mein Lernverhalten wahr?
- Was muss ich selbst verändern, damit ich besser lernen kann?
- Was müssen die anderen verändern, damit ich besser lernen kann?
- Was muss ich verändern/wie kann ich mich verhalten, damit meine Mitschüler besser lernen können?

Gleich mal ausprobieren

1. Ein Stimmungsbarometer eröffnet die Gesprächsrunde. Bevor die Schüler beginnen, über ihre Situation in der Tischgruppe zu berichten, erhalten sie ein Stimmungsbarometer in Form einer Waage, auf das sie je nach gegenwärtiger Stimmung einen Punkt kleben sollen. Auf der linken Seite ist die Stimmung schlecht, in der Mitte neutral, auf der rechten Seite wird sie immer besser.

2. Punkte verteilen
Während des Tischgruppengespräches können die Schüler an ihre Mitschüler Punkte verteilen. Es gibt beispielsweise maximal drei Punkte, wenn man sehr zufrieden mit dem gemeinsamen Lernen ist. Je weniger Punkte verteilt werden, desto unzufriedener ist der Schüler. Wichtig ist, dass bei jeder Punkteverteilung begründet wird, warum so viele oder wenige Punkte verteilt werden. Beispiel: „Ich gebe dir für unser gemeinsames Lernen drei Punkte, weil du mir, wenn ich etwas in Englisch oder Mathe nicht verstanden habe, gut weitergeholfen hast und viel Geduld hattest."

71 LERNVERHALTEN BEOBACHTEN

› Tipp 49

› Tipp 11, 12

› Tipp 89

Systematische Beobachtung als Grundlage der individuellen Förderung

› Tipp 64

Systematische, regelmäßige Beobachtung im Unterricht und deren Reflexion führt zu deutlich größerem Lernerfolg bei den Schülern (Tipp 49). Dafür hat sich der Einsatz von Beobachtungsbögen bewährt, denn so sind die Kriterien für jeden Schüler die gleichen und sie sind für alle nachvollziehbar (Tipp 11, 12).

Immer dann, wenn die Schüler in Gruppen arbeiten, können Sie sich eine Schülergruppe vornehmen, die Sie nach den an Ihrer Schule verabredeten Kriterien beobachten (Beispiele: siehe rechts). Klassischer Frontalunterricht dagegen bietet kaum Gelegenheit zur Beobachtung (Tipp 89). Beobachten Sie pro Schulhalbjahr jeden Schüler zwei bis vier Mal nach Vorgaben, dann erhalten Sie bereits aussagekräftige Daten.

Systematische Beobachtung erfolgt innerhalb eines theoretischen Rahmens, dient der Überprüfung bestimmter Hypothesen und passt die Fragestellungen dem angestrebten Ziel an. Die Ergänzung der Lehrerbeobachtung durch Schülerselbstbeobachtung und -einschätzung und eventuell durch Mitschülereinschätzung sichert einen gewissen Standard an Zuverlässigkeit (Tipp 64). Die daraus folgenden

Schülergespräche sind eine sehr gute Grundlage für individuelle Fördermaßnahmen und sie verbessern die Qualität der Selbsteinschätzung der Schüler.

Raster helfen bei der Strukturierung von Beobachtungen. Sie gliedern den Beobachtungsgegenstand in Kriterien auf, um zu einer möglichst exakten Diagnose zu kommen und davon ausgehend passgenaue Fördermaßnahmen formulieren zu können.

Beobachtungsbögen zum Lernverhalten (zwei Beispiele)

Name: ... Datum: ...			
Bereitschaft zum Lernen und zur Ausdauer	**Mathe**	**Deutsch**	**...**
bringt Neugier, Staunen, Wissensdurst neuen Lerngegenständen gegenüber auf			
lässt sich von offenen Fragen zu Lernanstrengungen bewegen			
setzt sich Ziele, die seinen Möglichkeiten angemessen sind			
bringt auch nach Misserfolgen die nötige Lernenergie auf			
kann sein Verhalten so steuern, dass die Arbeit an der Sache nicht gestört wird			

Name	...	...
fachliche Richtigkeit		
Zielstrebigkeit, Konzentration		
Arbeitsmittel werden sinnvoll genutzt		
Unterscheidung von Wesentlichem und Unwesentlichem		
Erkennen von Zusammenhängen zu anderen Themen/Fächern		
eigene Ideen werden eingebracht		
Lernergebnisse werden angemessen formuliert		
Konsequenzen für den Unterricht		

Schüler beobachten Schüler

72

Beobachtungen aus einer anderen Perspektive

❯ Tipp 11

Dass Schüler die „Nebenbühnen" des Unterrichts im Regelfall viel genauer beobachten als der Lehrer, geht im Schulalltag häufig unter. Schüler sitzen direkt im Unterrichtsgeschehen, beeinflussen dieses selbst, haben daher eine andere Wahrnehmung als die Lehrkraft und erkennen die transparenten „Spinnfäden" des sozialen Miteinanders im Unterricht viel schneller (Tipp 11).

Um die Ecke gedacht

Ein Perspektivenwechsel ermöglicht den Schülern, Unterrichtsbeobachtungen bewusster wahrzunehmen. Durch gezielte Beobachtungen ihrer Mitschüler wird ein höheres Maß an Objektivität erreicht.

Gleich mal ausprobieren

1. Schülerbeobachter
Setzen Sie bei Unterrichtsgesprächen Schüler als Beobachter ein, die ihre Mitschüler nach bestimmten Kriterien beobachten. Entsprechend ihrer Fähigkeiten können sie mit leichteren oder anspruchsvolleren Beobachtungsaufgaben betraut werden.

2. Selbstbeobachtung
Geben Sie Ihren Schülern die Aufgabe, sich selbst im Unterricht zu beobachten. Legen Sie dabei genau fest, wann die Beobachtung stattfindet und was beobachtet werden soll.

Beispiel:
Karin hat sich in den letzten Wochen sehr aus dem Unterrichtsgeschehen zurückgezogen. Der Lehrer weist sie auf ihr Meldeverhalten im Fach Englisch und die damit verbundene mündliche Note hin, die spätestens am Ende des Schuljahres ansteht. Als der Lehrer Karin darauf anspricht, ist diese zunächst nicht einsichtig. Daraufhin gibt er ihr in der nächsten Englischstunde den Auftrag, sich selbst zu beobachten. Gleichzeitig wird ein anderer Schüler beauftragt, genau auf Karins Meldeverhalten zu achten. Am Ende der Unterrichtsstunde treffen sich Karin, der Lehrer und der Beobachter zu einem Gespräch.

Kriterien zur Beobachtung können sein:
- Wer meldet sich häufig im Unterricht?
- Wer ist stiller Teilnehmer des Unterrichts?
- Wer antwortet zielgerichtet auf Lehrerfragen?
- Wer bringt tolle Ideen in den Unterricht ein?
- Wer denkt um die Ecke?

POSITIVE SCHÜLERANSPRACHE

73

> Tipp 60, 86

Die direkte Ansprache des Schülers gehört zum Alltagsgeschäft der Lehrkraft. Bei der direkten Ansprache kommt es aber nicht nur auf das Was an, sondern vielmehr auf das Wie (Tipp 60, 86)!

Gleich mal ausprobieren

Versuchen Sie, die direkte Ansprache in Form einer positiven Verstärkung zu formulieren. Der Schüler kann besonders dann erreicht werden, wenn im Gespräch seine individuellen Stärken betont werden. Die Forderung, die daraufhin gestellt wird, dass sich das Meldeverhalten des Betreffenden beispielsweise verbessern muss, kann man dadurch geschickt verpacken (Tipp 90).

> Tipp 90

Auch Ich-Botschaften können Wunder bewirken! Hier werden zwei Beispiele aus dem Schulalltag vorgestellt. Das erste betrifft den Aspekt Meldeverhalten, das zweite den Aspekt Arbeitsverhalten:

„Moritz, du hast dich in den ersten Monaten so oft gemeldet und warst mir dadurch eine große Hilfe im Unterricht. In der letzten Zeit vermisse ich das bei dir! Versuche bitte, dich wieder häufiger zu melden."

„Deine schriftlichen Ausarbeitungen haben mir immer sehr gefallen. Mir ist aber aufgefallen, dass du dir in letzter Zeit nicht mehr so viel Mühe gibst wie am Anfang. Kannst du mir sagen, woran das liegt?"

Achtung!

Auf keinen Fall sollten das Aussehen und die Kleidung des Schülers kommentiert werden, auch nicht positiv. Das äußere Erscheinungsbild gehört zum Intimbereich der persönlichen Individualität und hat im Rahmen der Erörterung schulischen Verhaltens nichts zu suchen.

Gleich mal ausprobieren

„Warme Dusche"
Bei der „warmen Dusche" sitzen alle Schüler in einem Kreis. Ein Schüler wird ausgewählt, der sich in die Mitte setzen darf. Jeder Mitschüler hat nun die Aufgabe, diesem Schüler etwas Nettes zu sagen. Das kann sich auf seine individuellen Stärken im persönlichen oder schulischen Bereich beziehen. Nach Einübung dieses Verfahrens kann die Methode durch gezieltes Lob erweitert werden. Zum Beispiel können auch Aussagen über das Arbeitsverhalten oder Meldeverhalten in einer Fachstunde (Tipp 72), zu Ergebnissicherungen wie Präsentationen, Ausarbeitungen usw. gemacht werden.

❯ Tipp 72

Schüler coachen Schüler

74

Manche Schulen arbeiten mit sogenannten Arbeitsplänen (auch Wochenplänen), die aus unterschiedlichen Aufgaben ausgewählter Fächer (meist Hauptfächer) zusammengesetzt werden. Die Aufgaben werden von den Schülern selbstständig bearbeitet, indem sie in ihrem individuellen Arbeitstempo bestimmen, mit welchem Fach und welcher Aufgabe sie beginnen und ob die ausgewählte Aufgabe in Einzel-, Partner- oder (wenn angegeben) in Gruppenarbeit bearbeitet wird. Die Schüler übernehmen für ihr Lernen in dieser festgelegten Zeit (meist im Umfang einer Woche) selbst Verantwortung.

In jeder Klasse gibt es Schüler, die hervorragend mit dem selbstständigen Lernen zurechtkommen. Andere wiederum lassen sich leicht ablenken, träumen herum oder wissen nicht, mit welcher Aufgabe sie beginnen sollen. Die Zeit bis zur Abgabe des vollständigen Plans scheint diesen Schülern zunächst sehr lang, der Zeitdruck ist meist erst am Ende der Woche zu spüren. Doch oft ist es dann schon zu spät und die Aufgaben des Plans können nicht mehr rechtzeitig erledigt werden.

Selbstständige Arbeitsphasen werden unterschiedlich gut genutzt

Um die Ecke gedacht

❯ Tipp 84, 85, 94

Wenn Schüler Schüler coachen, bekommt das Lernen einen anderen Charakter (Tipp 84, 85, 94). Der Schüler-Coach, der sich das Arbeitspensum seines Arbeitsplans gut einteilen kann, übernimmt für einen anderen Schüler die Verantwortung, indem er diesen beim Lernen unterstützt. Dadurch, dass sich Ihre Schüler selbst mitten im Geschehen befinden, haben Sie häufig einen viel besseren Überblick über die Abläufe der Arbeitsplanphasen und können

❯ Tipp 89

gezielter eingreifen (Tipp 89).
Die Schülerbeobachtungen des Coaches sollten im unmittelbaren Austausch mit der Lehrkraft stattfinden. Denn auch ein Coach braucht einen Coach.

Schüler-Coaches gezielt auswählen

Schüler, die Schüler coachen, müssen gezielt ausgesucht werden. Nicht jeder Schüler, der ein optimales Arbeitsverhalten aufzeigt, kann diese Funktion übernehmen. Suchen Sie die „Zugpferde" in Ihrer Klasse – damit sind Schüler gemeint, die schulisch und charakterlich wirklich „fest im Sattel sitzen".

Gleich mal ausprobieren

Wählen Sie mithilfe ihrer pädagogischen Beobachtungsgabe geeignete Schüler-Coaches aus und bereiten Sie sie auf ihre Aufgabe vor. Das Coach-Training sollte folgende Hinweise für die Schüler beinhalten:
- Verschaffe dir einen Überblick über die zu bearbeitenden Aufgaben.
- Bevor du mit einer Aufgabe beginnst, frage den von dir gecoachten Schüler, mit welcher Aufgabe er anfängt.
- Weise deinen Schüler darauf hin, dass er die Aufgabe am selben Tag (möglicherweise in der Pause) nacharbeiten muss, damit der Zeitplan eingehalten wird.
- Greife sofort ein, wenn der Schüler sich durch Träumereien, Gespräche oder Herumlaufen ablenkt.
- Das Coachen muss regelmäßig (einmal in der Woche) reflek-

❯ Tipp 75

tiert werden (Tipp 75).

120 PRAKTISCHE BEISPIELE

Coachen regelmäßig reflektieren

75

Die Reflexion ist eines der wichtigsten Elemente beim Coachen (Tipp 74)! Nur wenn regelmäßig am Ende einer Wochen- bzw. Arbeitsplaneinheit reflektiert wird, können Stärken und Schwächen bestimmt und Ziele für die nächste Woche gesetzt werden.

❯ Tipp 74

Die Reflexion sollte zwischen Schüler-Coach, dem gecoachten Schüler und der Lehrkraft stattfinden. An dieser Stelle ist es wichtig, dass alle Seiten sagen, was in dieser Woche aus ihrer Sicht gut und schlecht verlief. Auch der Coach sollte das Recht haben, das Verhalten seines „Schützlings" beanstanden zu können, indem er z. B. kritisiert, dass zu viele Fragen zu den einzelnen Aufgaben gestellt wurden, was auf das ungenaue Lesen der Aufgaben durch den gecoachten Schüler zurückgeführt werden kann.

Regelmäßig reflektieren und Ziele überprüfen

Die folgenden Fragen können bei der Durchführung der Reflexion hilfreich sein.
- Wie hat die Zusammenarbeit geklappt?
- Was war positiv aus der Sicht des Coaches und des gecoachten Schülers?
- Wo gab es noch Probleme aus der Sicht des Coaches und des Gecoachten? Wie haben sie die Probleme gelöst?
- Haben sie ihr Ziel erreicht?
- Wie geht es in der nächsten Woche weiter?

Der Lehrer sollte seinem Schüler-Coach klarmachen, dass er ihn bei seiner Aufgabe unterstützt. Genauso sollte dem gecoachten Schüler ruhig gezeigt werden, wie viel Mühe und Einsatz diese Maßnahme verlangt.

Schüler-Coach unterstützen

Manche Schüler setzen sich selbst unter Druck, wenn sie merken, dass sich ihr gecoachter Schüler nicht an Absprachen hält. Besonders hier sind regelmäßige Gespräche zur Unterstützung sinnvoll.

Coaching sollte nicht dauernd sondern als kurzfristige Maßnahme eingesetzt werden. Bei längeren Phasen kann

Kurzfristige Maßnahme

PRAKTISCHE BEISPIELE

› Tipp 47

das Coachen den Schüler-Coach strapazieren und sein eigenes Lernen beeinträchtigen. Die gecoachten Schüler sollten das Ziel haben, sich Lern- und Arbeitstechniken anzueignen, die sie dann später selbstständig anwenden können, um schließlich den Schüler-Coach überflüssig zu machen (Tipp 47).

> **Gleich mal ausprobieren**
> Ermuntern Sie Ihre Schüler-Coaches für ihre Funktion, indem Sie diese Tätigkeit beispielsweise anhand einer besonderen Bemerkung im Zeugnis oder als weitere Wahlaufgabe im Arbeitsplan honorieren.

MÜNDLICHE AKTIVITÄT STEIGERN

76

› Tipp 66, 67

Die mündliche Beteiligung der Schüler im Fachunterricht zählt heutzutage immer mehr. Je nach Schulform und Fach wird schulintern besprochen, in welcher prozentualen Höhe die mündliche Aktivität in die Gesamtnote einfließen soll (Tipp 66, 67). So leistungsheterogen die Schüler einer Klasse sind, so unterschiedlich ist auch ihre mündliche Aktivität. Je nach Schülerpersönlichkeit findet man mündlich aktive und mündlich passive Schüler.

> **Um die Ecke gedacht**
> Der Gedanke, dass die sich nicht meldenden Schüler auch keine Antworten auf die Fragen im Unterricht haben, schwebt in den Köpfen der beurteilenden Lehrkräfte oftmals herum, ist aber durchaus nicht zutreffend.
> Vielmehr sollte jeder einzelne Schüler in seiner Persönlichkeitsstruktur analysiert werden, um der Tatsache auf den Grund zu gehen, warum er sich nicht meldet.
> Natürlich ist es möglich, dass der Schüler keine Antwort weiß. Genauso gut kann es aber auch sein, dass er sich nicht traut oder nicht will.

Die passiven Schüler, die ihr Wissen im Verborgenen halten, in der Regel aber auf die Fragen der Lehrkraft eine Antwort hätten, müssen zunächst von der Lehrkraft „entdeckt" werden (Tipp 89)!

Stille Experten entdecken

❯ Tipp 89

Gleich mal ausprobieren
> Der Lehrer benennt die Schüler, die sich im Unterricht zu wenig melden.
> In der Klasse werden ein oder mehrere (je nach Variante) Glasbehälter aufgestellt. Die betroffenen Schüler erhalten Muggelsteine, die zunächst in der Federmappe oder auf dem Tisch gelagert werden. Die Anzahl der Steine kann willkürlich oder je nach Intention des Schülers festgelegt werden.
> Während der Unterrichtsstunden versuchen die Schüler, ihre Steine loszuwerden. Dies funktioniert nur bei aktiven Meldungen während des Unterrichts.
> Jedes Mal wenn einer dieser Schüler sich gemeldet und mündlich etwas beigetragen hat (egal, ob richtig oder falsch, aber ernsthaft und zum Thema passend), darf er einen Muggelstein in den Glasbehälter legen.
> Ziel: Wenn das Gefäß voll ist, gibt es eine Belohnung.
> Der Behälter sollte aus Glas sein, damit die Schüler ihren Berg an Muggelsteinen wachsen sehen und so ihren Erfolg beobachten können (Tipp 77).

❯ Tipp 77

VARIANTEN DER MÜNDLICHEN AKTIVIERUNG

77

Das System zur Schüleraktivierung mithilfe der „Muggelsteine" (Tipp 76) muss von den Schülern positiv angenommen werden. Nur dann ist dieses Prinzip auch wirklich sinnvoll. Die Methode kann, wie im Folgenden gezeigt, zudem variiert werden.

❯ Tipp 76

Variante 1 (Gruppenaktivierung)
Nutzen Sie diese Motivation zunächst, um die ganze Klasse zu aktivieren, und stellen Sie Muggelgläser pro Tischgruppe

Gruppenaktivierung

(beispielsweise vier Schüler pro Gruppe) auf. Die Schüler erhalten pro Tischgruppe eine bestimmte Anzahl an Muggelsteinen. Diejenige Tischgruppe, die zuerst ihre Steine loswird, ist Sieger der Stunde.

Klassenaktivierung

Variante 2 (Klassenaktivierung)
Jeder Schüler bekommt zu Beginn der Unterrichtsstunde – abhängig von Unterrichtsfach und Persönlichkeit – eine bestimmte Anzahl von Steinen. Diese werden entweder in der Federmappe oder auf dem Tisch deponiert. Bei jeder richtig beantworteten Frage darf der entsprechende Schüler nach vorn gehen und seinen Muggelstein in das Klassenmuggelglas werfen. Zusätzlich zur mündlichen Aktivierung der Schüler steigt so auch die Bewegung im Klassenzimmer. Je nach Störanfälligkeit des Unterrichts und der Schüler ist diese Variante zu empfehlen.

Individuelle Aktivierung

Variante 3 (Individuelle Aktivierung)
Wurde die oben dargestellte Variante 1 zur Motivation und Einführung in dieses Unterstützungssystem zur mündlichen Aktivierung bereits erprobt, bekommen nun nur bestimmte Schüler Muggelgläser und Steine. Die Schüler haben selbst die Möglichkeit, die Anzahl der Muggelsteine festzulegen. Das Ziel zum Ende der Unterrichtsstunde (oder am Ende des Schultages) sollte auf jeden Fall sein, alle Steine ins Glas „gemuggelt" zu haben.

BASISKOMPETENZEN EINÜBEN

78

Möglichkeit der Selbstkontrolle für die Schüler

Zu Beginn jeder Stunde wird ein vorbereitetes Arbeitsblatt verteilt, das gezielt die gerade gelernten Basiskompetenzen abprüft. Alle Schüler haben entsprechend Zeit zum Ausfüllen, anschließend wird verglichen und eigenständig berichtigt. Es handelt sich nicht um einen Test, sondern es geht um die Selbstkontrolle seitens der Schüler und nicht um eine Benotung.

Achtung!
> Auch wenn es ein wenig Vorbereitungsaufwand erfordert: Dieses systematische Einüben sollte über einen längeren Zeitraum erfolgen. Das muss nicht gleich das komplette Schuljahr sein, aber es sollte doch mindesten drei bis vier Wochen konsequent durchgehalten werden, denn nur so ergibt sich Routine.

Dieser Unterrichtsstart kostet zwar wertvolle Unterrichtszeit, ist aber nicht nur für den Lernerfolg sehr hilfreich, sondern zeigt auch jedem Schüler die individuellen Lernschwächen und noch vorhandenen Defizite auf.

Gleich mal ausprobieren

Das Arbeitsblatt trainiert fach- und jahrgangsspezifisch wichtige Basiskompetenzen, z. B. im
- Mathematikunterricht Klasse 5: Grundrechenarten,
- Deutschunterricht Klasse 7: Gebrauch des Konjunktivs,
- Englischunterricht Klasse 9: Grammatische Strukturen,
- Mathematikunterricht Klasse 10: Formelumstellung.

Das Arbeitsblatt enthält eine Fehlerspalte, sodass jeder Schüler anschließend selbst kontrollieren kann.

SCHÜLER ZUM SCHREIBEN ERMUTIGEN
79

Selbst etwas zu Papier zu bringen – das fällt vielen jungen und auch älteren Menschen schwer! Hängt diese zunehmende Unfähigkeit mit der Struktur der Schule und speziell des Deutschunterrichts zusammen?

Im letzten Jahrhundert war der „dialektische Besinnungsaufsatz" fester Bestandteil des Deutschunterrichts und bei allen Schülern gefürchtet: Man musste zu einem vorgegebenen Thema etwas aufs Papier bringen, auch wenn einem dazu partout nichts einfiel!

Produktionsorientiertes Schreiben verbindlich

Seit den 1970er Jahren war diese Übung fast völlig aus der Schule verschwunden und durch materialgeleitete und eng gefasste Aufgabenarten ersetzt worden – mit dem Ergebnis, dass das eigene, kreative Schreiben mehr und mehr in Vergessenheit geriet. Erst vor einigen Jahren hat die KMK dies erkannt und entsprechend reagiert: Dem produktionsorientierten Schreiben wird in allen neueren Deutschlehrplänen wieder deutlich mehr Gewicht verliehen und es ist bis zum Abitur verbindlich.

Achtung!

Schreiben braucht Anlässe! Die Forderung an die Schüler „Nun seid mal alle schön kreativ!" bleibt völlig unnütz, wenn diese nur auf ein leeres Blatt Papier starren. Der Lehrerimpuls verpufft mangels konkreter Ideen, Situationen, Einfälle.

Gleich mal ausprobieren

An der Wand des Klassenzimmers hängt ein großes Bild. Es zeigt ein Haus mit vielen Etagen und Wohnungen. Dieses kleine und einfach herzustellende Hilfsmittel birgt eine Fülle von konkreten Schreibanlässen, z. B.:

- Die Schüler schreiben regelmäßig Briefe an die Bewohner des Hauses.
- Die Schüler werden selbst Bewohner des Hauses (oder auch Hausmeister) und schreiben Briefe.
- Der Lehrer gibt Situationen vor: „Der Sohn von Meiers in der dritten Etage übt jeden Mittag lautstark auf seinem neuen Schlagzeug", „Müllers in der zweiten Etage beteiligen sich nicht an der Treppenhausreinigung" …

RHETORIK SCHULEN

80

Auf die Präsentation von erarbeiteten Ergebnissen vor der Klasse wird immer mehr Wert gelegt. Schon von den unteren Klassenstufen an sollten die Schüler folglich schrittweise Kompetenzen für das Halten von Referaten bzw. Vorträgen erwerben. In diesen Bereich fällt auch die Rhetorik. Spontanpräsentationen (Tipp 81) sind ein erster wichtiger Schritt zum Aufbau solcher rhetorischer Kompetenzen. „Tricks" helfen gerade dem noch ungeübten Redner und geben ihm Sicherheit. Mit den zwei wichtigsten sollten die Schüler möglichst früh vertraut gemacht werden.

❯ Tipp 81

Achtung!
Wer sich als Redner hinter einer anerkannten Autorität „verstecken" kann und wer einigermaßen sicher auf der „Klaviatur" des gesunden Menschenverstandes spielt, der wird sich in jeder Redesituation sicherer fühlen und die Angst vor Präsentationen lässt sich eindämmen oder der Betreffende wird sie auch völlig verlieren.

1. Das Berufen auf Autoritäten
Dies ist die beliebteste rhetorische Technik, ohne die kaum jemals ein Redner auskommt. Der Vortragende zitiert wörtlich oder sinngemäß eine Autorität auf dem Gebiet, um das das Referat sich dreht, und kann sich hinter diesem anerkannten „Bollwerk" quasi verschanzen, denn jeder, der diese Aussagen bezweifelt, greift nicht den Referenten, sondern die zitierte Autoritätsperson an.

Hinter Autoritäten „verstecken"

2. Der Appell an den gesunden Menschenverstand
Dieser rhetorische Trick reklamiert für die eigene Position die Meinung einer großen Mehrheit und drängt damit diejenigen Zuhörer, die sich der Meinung des Redners nicht anschließen, in eine kleine Minderheit. Typische Floskeln für diese rhetorische Technik sind Einleitungssätze, die ein klares Freund-Feind-Schema aufbauen.

Allgemeine Übereinstimmung vortäuschen

PRAKTISCHE BEISPIELE

Gleich mal ausprobieren

Geben Sie den Schülern für ihre Präsentationen einige Formulierungen an die Hand, die ihnen helfen, die rhetorischen Tricks umzusetzen.

Häufig benutzte Phrasen für das Berufen auf anerkannte Autoritäten sind:
- „Schon der berühmte ... hat gesagt: ..."
- „Lasst mich kurz den bekannten ... zitieren ..."
- „Um es mit den Worten von ... zu formulieren ..."
- „Wer kennt nicht den bekannten Ausspruch von ..."

Häufig benutze Phrasen für den Appell an den gesunden Menschenverstand sind:
- „Kein vernünftiger Mensch kann bezweifeln, dass ..."
- „Jeder, der etwas von dieser Sache versteht, weiß, dass ..."
- „Nur diejenigen, die im Wolkenkuckucksheim leben, können glauben, dass ...".
- „Nur wenige unbelehrbare Besserwisser glauben noch immer, dass ..."

81 SPONTANPRÄSENTATIONEN EINBAUEN

Vor anderen Menschen etwas vorzustellen, ist eine wichtige Kompetenz, die man nicht nur in der Schule braucht und die daher nicht früh genug eingeübt werden kann. Da jede Präsentation eine gewisse Selbstüberwindung verlangt und gerade bei innerlich unsicheren Schülern sogar Ängste auslösen kann, empfiehlt es sich, die hier vorgestellte Übung frühzeitig zu ritualisieren und so zum festen Bestandteil des Unterrichts zu machen.

Präsentationen früh und regelmäßig üben

Achtung!

Je früher und intensiver Schüler lernen, sich mit eigenen Beiträgen aktiv in das Unterrichtsgeschehen einzubringen, desto routinierter und selbstverständlicher wird ihnen jede Form der Verbalisierung (Tipp 76).

▸ Tipp 76

Das Ritual funktioniert wie folgt: An jedem Stundenanfang bekommt ein anderer Schüler als am Vortag zwei Begriffe von dem Lehrer vorgegeben. Er darf kurz überlegen (je nach Alter zwischen 30 Sekunden und zwei Minuten) und muss dann spontan einen oder mehrere Sätze dazu sagen bzw. in höheren Klassenstufen einen Kurzvortrag halten.

Der Lehrer sollte die Komplexität der gewählten Begriffe und ihre Anzahl je nach Alter und individueller Stärke auswählen. Bei schwachen Schülern bzw. generell in unteren Klassen kann statt der Begriffe auch ein Bild, eine Zeichnung, ein Foto, ein Gegenstand oder Ähnliches als Vortragsanlass dienen.

Gleich mal ausprobieren

Beispiele für den ...
- Deutschunterricht: Figuren aus gerade gelesenen Texten (Erzählungen, Dramen, Sachtexte ...) oder auch Gegenstände, Orte, Erlebnisse usw., die in dem Text eine wichtige Rolle spielen.
- Fremdsprachenunterricht: zusätzlich zu den oben für den Deutschunterricht genannten Möglichkeiten neue Vokabeln oder neue grammatische Regeln und Strukturen.
- Politikunterricht: Schlagzeilen aus der aktuellen Tageszeitung, Namen bekannter Persönlichkeiten, die gerade im Fokus der Öffentlichkeit stehen, Gerichtsurteile usw.

KONZENTRATION ÜBEN

82

Die Hektik unserer heutigen Zeit, die allgegenwärtige Medialisierung, der Boulevardjournalismus, all das ist wenig geeignet, Konzentration zu fördern und zu stärken. Die mittlerweile flächendeckend verbreiteten MP3-Player besorgen den Rest. Die Konzentrationsfähigkeit vieler Schüler ist daher schlecht ausgeprägt. Mit einfachen Mitteln und Übungen kann man diese Fähigkeit aber in der Schule individuell trainieren und stärken.

Konzentrationsfähigkeit gezielt trainieren und stärken

Gleich mal ausprobieren

In einer kurzen Partnerarbeitsphase können Schüler zunächst einmal ihre Aufmerksamkeit darauf lenken, was sie am meisten in ihrer Konzentration stört: Schüler A bekommt eine anspruchsvolle Aufgabe (einen schwierigen Text, eine Rechenaufgabe usw.). Schüler B versucht, durch Bewegungen, Lärm oder durch ein Gespräch, das er A aufzwingen will, zu stören. Nach einer vorher festgelegten Zeit, z. B. fünf Minuten, schreibt A – jetzt natürlich ohne Störung durch B – auf, was ihn besonders genervt hat, dann wechseln die Rollen. Zum Schluss stellt jeder Schüler ein persönliches, individuelles „Störbarometer" her.

Regelmäßig angewandte Konzentrationsübungen können nachgewiesenermaßen die Fähigkeit jedes Menschen zur konzentrierten Tätigkeit auch über längere Zeiträume hinweg stärken.

Gleich mal ausprobieren

Einfache Konzentrationsübungen, die auch in vielen Einstellungs- oder Eignungstest auftauchen, verlangen z. B. das möglichst schnelle Identifizieren von gleichen Buchstaben, Zahlen oder Symbolen. Übungen dieser Art funktionieren ohne Weiteres auch mit Texten: Jeder Schüler bekommt (bzw. hat in seinem Buch) einen längeren Text. Jetzt geht es darum, in einer festgelegten und knapp kalkulierten Zeit alle gleichen Buchstaben (z. B. also alle „b") mit Bleistift anzustreichen.

Eine andere einfache Möglichkeit für Konzentrationsübungen sind Memory-Spiele, die die Schüler in Partnerarbeit spielen können.

Schüler forschen lassen

83

Forschungsaufträge bieten Schülern die Gelegenheit, ihre Kompetenzen über die geplanten Lerninhalte hinaus weiterzuentwickeln.
Die Bandbreite der verschiedenen Unterrichtsfächer sowie die einzelnen Themen in den unterschiedlichen Fächern ermöglichen es jedem Schüler je nach seinen individuellen Neigungen und Kompetenzen einen Themenbereich zu finden, in dem er weiterdenken und sich „austoben" mag (Tipp 85).

Individuelle Neigungen entdecken

❯ Tipp 85

Forscheraufgaben sollen die Freude der Schüler am Fachunterricht bewahren und erhöhen und durch das „Um-die-Ecke-Denken" die üblichen Unterrichtsinhalte vertiefen. Gleichzeitig wird die Sozialkompetenz gestärkt, indem Schüler an den Aufgaben wachsen und dadurch ihr Selbstbild in Bezug auf Selbstbewusstsein und Geduld verbessern können.

Gleich mal ausprobieren

Beispiel aus dem Englischunterricht:
Grammatische Regeln selbst herleiten: Bei Anwendung der einfachen Form der Gegenwart (simple present) erhalten Schüler den Forschungsauftrag, sich bestimmte Aussagesätze in einem Dialog gezielt anzuschauen und zu versuchen, die Regel, die sich hinter den Satzstrukturen verbirgt, selbst herzuleiten („He, she, it, das „s" muss mit").

Experten einsetzen

84

Auf die Einführung eines neuen Themas im Fachunterricht folgt meist die Übungs- bzw. Vertiefungsphase. Einige Schüler bemerken erst dann, dass sie den Stoff noch nicht wirklich verstanden haben, und stellen Fragen, die sich meist auf konkrete Aufgabenstellungen beziehen.

PRAKTISCHE BEISPIELE

> Tipp 84, 94

Sie als Lehrkraft wollen sicherlich möglichst jedem Schüler bei Fragen behilflich sein. Dies ist aber je nach Klassengröße und vorheriger Einführung des Themas und der darauf folgenden Anzahl und Vielfältigkeit der Schülerfragen schwierig (Tipp 84, 94).

Achtung!
Es ist bekannt, dass Schüler Schülern häufig sehr gut helfen können, indem sie in ihrer Schülersprache die Problematik der jeweiligen Aufgaben aus ihrer Sicht beschreiben. Häufig kommt es vor, dass Schüler behaupten, etwas nicht verstanden zu haben, aber selbst gar nicht erkennen können, was es genau ist. Die Aussage: „Das habe ich nicht verstanden" hilft der Lehrkraft dann nicht weiter. Doch gezieltes Fragen fällt vielen Schülern schwer.

Vom Wissen der Mitschüler profitieren

> Tipp 85

Schüler, die Hilfe brauchen, weil sie bestimmte Unterrichtsinhalte noch nicht verstanden haben, können sehr von ihren Mitschülern profitieren, die darin bereits Experten sind (Tipp 85).

Gleich mal ausprobieren
Die zu bearbeitenden Aufgaben werden gemeinsam in der Klasse besprochen. Je nach Anzahl und Aufgabentyp werden sie durchnummeriert und die Nummern an die Tafel geschrieben. Für jede Aufgabe werden ein oder mehrere Experten eingesetzt, die nach dem „Überfliegen" das Gefühl haben, diese Aufgabe bewältigen zu können. Das erstellte Tafelbild dient zur Orientierung während der Arbeitsphase. Sobald ein Schüler eine Aufgabe nicht versteht oder gezielte Fragen hat, kann er an der Tafel nachsehen, welcher Schüler für diese Aufgabe als Experte zur Verfügung steht.

„Expertenrotation"

Die Lehrkraft muss die Aufgaben vorher auf Anzahl, Aufgabentyp und Arbeitsintensität hin überprüfen.
Bei geringer Anzahl der Aufgaben können mehrere Exper-

ten für eine Aufgabe zu unterschiedlichen Zeiten eingesetzt werden, z. B. von 10:00–10:10 Uhr ist Christian für die Aufgabe 3 der Experte, von 10:10–10:20 Uhr ist Barbara Expertin ... Die Unterstützungsphasen der Experten dürfen nicht zu lang sein, damit auch sie selbst mit ihrer eigenen Bearbeitung der Aufgaben vorankommen.

Haben die Aufgaben einen hohen Anspruch, ist es sinnvoll, mehrere Experten zu gleicher Zeit für dieselbe Aufgabe einzusetzen.

Achtung!
> Die hilfebedürftigen Schüler müssen darauf hingewiesen werden, dass keine Warteschlange beim Experten entstehen darf. Entweder muss dann ein anderer Experte angesprochen, die Reihenfolge der Bearbeitung der Aufgaben verändert oder am Platz gewartet werden, bis der nächste frei ist.

THEMENEXPERTEN EINSETZEN

85

› Tipp 74, 84, 94

Im Unterschied zu den Schüler-Helfer-Systemen (Tipp 74, 84, 94) können mit dieser Methode Schüler als Experten für bestimmte Themen eingesetzt werden. Dieses Verfahren bietet die Möglichkeit, dass nicht nur „gute" Schüler als Helfer ausgewählt werden können, sondern auch solche, die in manchen Bereichen Lernschwächen (Teillernschwächen) aufweisen, in anderen dafür aber glänzen.

Jeder kann Themenexperte sein!

Achtung!
> Besonders Schüler mit Lernschwächen in bestimmten Fächern können mit diesem Vorgehen stark motiviert und in ihrem Selbstbewusstsein gestärkt werden, wenn man ihre besonderen und individuellen Fähigkeiten und Stärken gezielt einsetzt und würdigt.

Beispiel:
Karl hat große Lernschwierigkeiten im Fach Deutsch. Sein Problem überträgt sich auch auf das Fach Englisch. Durch seine Lernschwäche in den beiden Hauptfächern hat Karls Selbstbewusstsein sehr gelitten. Sein Lieblingsfach hingegen ist Mathematik. Die Inhalte interessieren ihn und fallen ihm leicht. Er versteht sehr schnell und ist sogar in der Lage, viele Transferaufgaben zu lösen. Die Lehrkraft schlägt Karl deswegen als Experten für Mathematik vor.

Motivation und Selbstbewusstsein fördern

Der Einsatz als Experte gefällt Karl sehr gut und auch die anderen Schüler scheinen von seinen Erklärungen zu profitieren. Karls Selbstbewusstsein wird dadurch gestärkt und er kann durch die hohe Motivation und seinen Erfolg besser mit seinen sprachlichen Defiziten umgehen.

Gleich mal ausprobieren

Das Beispiel „Karl" lässt sich auf fast jede Klassen- und Lerngruppensituation übertragen, denn Schüler mit hohen Teilbegabungen in einzelnen Fächern und gleichzeitigen Schwächen in anderen Bereichen sind häufig.

RUHEIMPULSE VERSTÄRKEN

86

Um Ruhe in der Klasse herzustellen, wird häufig ungewollt das unerwünschte Verhalten gestärkt. So erhalten die Schüler die meiste Aufmerksamkeit des Lehrers, die durch ihr negatives Verhalten den Unterricht stören.

Um die Ecke gedacht

Schüler, die sich an Regeln halten und ruhig am Platz sitzen, erhalten am wenigsten Aufmerksamkeit – denn sie funktionieren! Loben Sie diese Schüler immer wieder und honorieren Sie damit ihr kooperatives Verhalten. So geben Sie ihnen Anerkennung und ziehen die Aufmerksamkeit ab vom negativen, hin zum positiven Verhalten.

Gleich mal ausprobieren

Loben Sie die Schüler, die wirklich für Ruhe sorgen und bedanken Sie sich bei ihnen! („Danke Florian, vielen Dank, Merle, ein Dankeschön an Niklas ...") Meistens ergibt sich aus dieser Situation eine Kettenreaktion bei den Mitschülern, weil auch andere Schüler für die „einfache" Aufgabe des „Für-Ruhe-Sorgens" gelobt werden wollen.
Häufig führt die positive Verstärkung dazu, dass die Schüler beginnen, sich für den Lehrer einzusetzen, und ihrerseits andere ermahnen und zum Mitmachen auffordern.

Ob die positive Verstärkung gelingt, ist abhängig von dem konsequenten Verhalten der Lehrkraft. Es dürfen nur Schüler gelobt werden, die wirklich ruhig sind und für Ruhe sorgen wollen. Andere, die nur ein Lob kassieren wollen und danach weiterstören, dürfen genauso wenig Anerkennung erfahren wie solche, die beispielsweise ihren Namen hineinrufen, um beachtet zu werden.

Konsequent das positive Verhalten beachten

STRUKTURIERUNGSHILFEN GEBEN

87

Am Anfang der Woche erhalten die Schüler ihren neuen Arbeitsplan (auch Wochenplan) mit den Aufgaben, die im vorgegebenen Zeitrahmen (im Regelfall eine Woche) selbstverantwortlich im individuellen Arbeitstempo bearbeitet werden sollen. Manche Schüler lassen sich von der Fülle der Aufgaben, der Aufgabenlänge oder durch Formulierungen irritieren. So fällt es ihnen schwer, sofort mit der Arbeit zu beginnen, weil sie nicht überblicken, welches z. B. ihre Lieblingsaufgabe ist (Tipp 92).
Diese Möglichkeiten für Eigeninitiative und freie Bearbeitung im eigenen Tempo können manche Schüler nicht zu ihrem Vorteil ausschöpfen. Ihnen werden durch diese Methode des selbstverantwortlichen Lernens Freiheiten gegeben, mit denen sie nicht zurechtkommen.

› Tipp 92

Organisation in Freiarbeitsphasen unterstützen

❯ Tipp 27, 63

Eine Übersicht über die Anzahl der Aufgaben und die Anzahl der zur Verfügung stehenden Unterrichtsstunden zur Bearbeitung kann solchen Schülern helfen, ihr Lernen zu organisieren (Tipp 27, 63).

Gleich mal ausprobieren

In einer 7. Klasse stehen sieben Arbeitsplanstunden in der Woche zur Verfügung. Die Anzahl der Aufgaben im neuen Arbeitsplan beträgt neun.
Folgende Übersicht sollten die Schüler vor Beginn ihrer regulären Arbeitsplanarbeit ausfüllen. Am Anfang benötigen sie hierfür eventuell noch Hilfe und Beratung.

**Meine Arbeitsplan-Übersicht:
Wann erledige ich was?**

Tag/Stunde	Fach	Aufgabe Nr.	erledigt am
Montag 1. Std.			
Montag 2. Std.			
Dienstag 3. Std.			
Dienstag 4. Std.			
Mittwoch 1. Std.			
Donnerstag 1. Std.			
Freitag 1. Std.			

Das Strukturieren mithilfe der Übersicht verlangt von den Schülern, dass sie sich eine Vorstellung über die Bearbeitungszeit einer Aufgabe verschaffen. Sie haben dabei die Möglichkeit, ihre Schüler zu unterstützen:
Lesen Sie die Aufgaben gemeinsam mit Ihren Schülern durch und besprechen Sie, wie viel Zeit die vorliegende Aufgabe ungefähr in Anspruch nehmen wird (Tipp 92).

Bearbeitungszeit einschätzen lernen

❯ Tipp 92

Bevor die Schüler mit der Arbeitsplanarbeit beginnen, sollte die Übersicht von Ihnen und dem jeweiligen Schüler unterschrieben werden.
Die Planung erhält dadurch einen „vertragsähnlichen" Charakter (Tipp 30, 37), der den Schüler zur Einhaltung verpflichtet.

❯ Tipp 30, 37

FRAGESCHLEIFEN INSTALLIEREN

88

Folgende Regeln sollten für die Arbeitsphase ausgemacht und aktiv angewendet werden.
Wenn du etwas nicht verstehst, dann:
- Lies dir die Aufgabe zunächst noch einmal langsam und konzentriert durch.
- Verstehst du es noch nicht, frage dich gezielt, was du nicht verstehst (je gezielter die Fragestellung, umso präziser erfolgt später die Antwort).
- Frage leise deinen Tischnachbarn.
- Frage in deiner Tischgruppe nach.
- Wenn es einen Experten (Tipp 84, 85) gibt, befrage ihn.

❯ Tipp 84, 85

- Weißt du noch immer nicht weiter? Dann sprich deinen Lehrer an.

Eine Frageschleife im Unterricht zu installieren, hat mindestens drei positive Nebeneffekte:
1. Eine Schülerfrage auf Umwege zu schicken, „lässt den Groschen meist schneller fallen", als sich damit direkt an die Lehrkraft zu wenden, weil die Nachfragen an Schüler präziser formuliert werden.

Nachfragen an Schüler häufig präziser

Entlastung für den Lehrer

2. Schüler erklären Sachverhalte aus ihrer Sicht, was für ihre Mitschüler oftmals verständlicher ist.
3. Die Lehrkraft wird durch die geminderte Anzahl an Schülerfragen entlastet und kann gezielter eingreifen.

89 Sich in Luft auflösen

Die Forderung an Sie, Ihre Schüler angesichts heute üblicher Klassenfrequenzen von 30 und mehr Schülern individuell zu fördern und zu betreuen, kann je nach Unterrichtsstruktur eine kaum zu meisternde Herausforderung sein.

Um die Ecke gedacht
Wie wäre es, nach folgendem Motto zu verfahren: „Wenn Sie sich in Luft auflösen können, ohne den Unterricht damit zu verhindern, dann wissen Sie, dass Sie es geschafft haben, Ihren Unterricht so zu organisieren, dass Sie Ihre Schüler individuell betreuen können."
Doch welche Unterrichtssituationen sind es, in denen Schüler tatsächlich so zielorientiert an ihrem Vorhaben arbeiten, dass Sie sich zurückziehen und einzelne Schüler ganz genau beobachten und betreuen können?

Gleich mal ausprobieren
Ein Beispiel aus dem Musikunterricht soll zeigen, dass eine klare, durchgeplante Unterrichtsstruktur „den Lehrer in Luft auflösen" kann:
Das Musizieren zu einem Song steht auf dem Programm. Die Vorstrukturierung der Abläufe besteht darin, den Schülern einzelne Instrumentengruppen zuzuweisen und ihnen einen genauen Gruppenauftrag zu erteilen. Das Potenzial einiger musikalischer Schüler wird ausgeschöpft, indem sie als Experten (Tipp 84, 85) für bestimmte Instrumentengruppen und Stimmen (Melodien) benannt und ihre Namen an der Tafel für alle Schüler sichtbar fixiert werden.

❯ Tipp 84, 85

> Die Arbeitsphase besteht darin, dass alle Schüler an ihrem Auftrag arbeiten, um am Ende der Stunde (oder Unterrichtseinheit) das Ziel zu erreichen, ihre Stimme auf dem Instrument zu beherrschen.

Die Arbeitsphase läuft, die Schüler arbeiten zielorientiert (im Idealfall) an ihrem Vorhaben.
Jetzt hat die Lehrkraft die Möglichkeit, anhand ihrer Unterrichtstruktur einzelne Schüler oder Gruppen zu besuchen, um mit ihnen gemeinsam an ihren instrumentalen und musikalischen Fähigkeiten zu arbeiten.

❯ Zeit für individuelle Förderung

Schüler motivieren

90

Ein Grund, warum Schüler nicht aktiv am Unterricht teilnehmen, können negative Emotionen sein, wie beispielsweise Angst, Ärger, Hoffnungslosigkeit oder Unzufriedenheit. Die Ursachen dafür liegen häufig im Verborgenen und können in der Regel nur selten ergründet werden (Tipp 19, 41, 44).

❯ Tipp 19, 41, 44

Dennoch ist es jeder Lehrkraft möglich, auf die Verhaltensweisen der Schüler unmittelbar zu reagieren und ihre Emotionen in bestimmten Unterrichtssituationen positiv zu beeinflussen (Tipp 60).

❯ Tipp 60

Beispiel aus dem Musikunterricht einer 5. Klasse:
Uli sitzt verzweifelt und mittlerweile hoffnungslos vor dem Xylophon, weil er die Stimme, die er einstudieren sollte, nicht beherrscht. Die anderen Schüler machen sich über ihn lustig und entmutigen ihn durch Sprüche wie „…du kannst das sowieso nicht und lenkst uns damit nur vom Spielen ab, also hör doch gleich damit auf …".
Die letzte Hoffnung auf Ulis Lernmotivation, die Xylophon-Stimme jemals beherrschen zu können, ist damit verschwunden. Wie kann diese Situation zum Positiven gewendet werden?

Gleich mal ausprobieren

Nun ist Ihr Einsatz gefragt, um den Jungen erneut zu motivieren. Benutzen Sie den „Ich-kann-das"-Trick!
- Zunächst wird das Instrument an einen ruhigen Ort (abseits der Blicke der anderen Mitschüler) gebracht. Der Schüler wird motiviert, indem ihm bewusst gemacht wird, dass er durchaus in der Lage sei, die Melodie spielen zu können. („Du kannst das! Sag das selbst einmal zu dir: Ich kann das!")
- Die Lehrkraft spielt die Melodie auf dem Instrument deutlich und langsam vor. Der Schüler beobachtet erneut. (Der Lehrer sollte keine Wertungen aussprechen.)
- Schüler und Lehrer spielen die Melodie gemeinsam. Ggf. wird die Hand des Schülers geführt. Zweifelt der Schüler selbst an sich, sollte er die Worte: „Ich kann das!" laut wiederholen.
- Das Spiel wird im Wechsel (Schüler/Lehrer) durchgeführt.
- Der Schüler spielt allein. Ggf. müssen obige Schritte wiederholt oder intensiver durchgeführt werden.

ZIELE SCHÜLERGERECHT FORMULIEREN

91

▶ Tipp 27, 61, 63

▶ Tipp 53

Der Unterrichtsalltag ist geprägt von geheimen Lernzielen, die der Lehrer geschickt in unterschiedlichen Lerninhalten in Form von Einführungen, Übungen usw. verpackt – manchmal sogar so, dass Schüler sich fragen: Worauf will der eigentlich hinaus (Tipp 27, 61, 63)?

Am Ende einer Unterrichtssequenz sollte aber jeder Schüler die Möglichkeit erhalten, die angestrebten Lernziele auch selbst überprüfen zu können (Tipp 53). Dadurch bekommen die Schüler die Gelegenheit, unmittelbar eingreifen zu können, wenn sie ein Ziel nicht erreicht haben.

Gleich mal ausprobieren

Schaffen Sie Transparenz! Schreiben Sie das Lernziel an die Tafel, bevor eine neue Unterrichtssequenz gestartet wird: Am Ende der Stunde kannst du …

Eine detaillierte Darstellung des Unterrichtsverlaufs in Stichpunkten hilft den Schülern oft, die schrittweise Erarbeitung von Unterrichtsinhalten besser nachvollziehen zu können und dadurch ihren eigenen Lernprozess zu reflektieren und somit zu kontrollieren.

Deswegen: Geben Sie Ihren Schülern am Ende der Unterrichtsstunde die Gelegenheit, das Unterrichtsziel erneut durchzulesen und einzuschätzen, ob sie es erreicht haben bzw. was sie daran gehindert hat, es zu erreichen. Stellen Sie sich dabei auch der Kritik an Ihrem Unterricht und nehmen Sie Vorschläge gelassen an. Kein Lehrer hält ständig perfekte Unterrichtsstunden (Tipp 36)!

❯ Tipp 36

Anstatt die Themen für die nächste Lernkontrolle bekanntzugeben, können die Schüler ihr Wissen überprüfen, indem Sie vorgegebene Lernziele anhand einer Übersicht „Was du wissen solltest" kommunizieren.

Lernziele erreicht?

AUF DIE ZEIT ACHTEN

92

Für jede Aufgabenstellung plant man als Lehrer eine bestimmte Bearbeitungszeit ein, die von den Schülern, abhängig vom individuellen Lern- und Arbeitstempo, mehr oder weniger in Anspruch genommen wird.

Allgemein bekannt ist, dass manche Schüler nicht in der Lage sind, ihr Leistungspotenzial voll auszuschöpfen, und die vorgegebene Aufgabe, wenn es ihnen auch leistungstechnisch möglich wäre, aufgrund ihrer Zeiteinteilung nicht schaffen (Tipp 87).

Schlechte Zeiteinteilung verhindert gute Ergebnisse

❯ Tipp 87

Setzen Sie, um dies zu verhindern, „Wächter der Zeit" ein! Den Schülern wird so die verstreichende Zeit visuell vor Augen geführt, Arbeitszeit bleibt kein abstrakter Begriff mehr. Im offenen Unterricht können beispielsweise Sanduhren den Schülern als Hilfsmittel zur Verfügung gestellt werden, um ein unnötiges Herumtrödeln oder Sich-ablenken-Lassen zu vermeiden.

> **Gleich mal ausprobieren**
>
> Die für eine bestimmte Aufgabe gedachte Bearbeitungszeit sollte von der Lehrkraft bekanntgegeben werden (z. B. neben die Aufgabenstellung schreiben), damit die Schüler eine erste Orientierung erhalten. Eine für die Zeitdauer passende Sanduhr wird auf dem Schülertisch platziert. Wenn die Sanduhr für eine längere Zeitdauer läuft, wird für die vorgesehene Zeit an der entsprechenden Stelle ein Markierungspunkt angebracht. Nachdem der Schüler mit der Bearbeitung fertig ist, wird die Zeit angehalten und er muss unmittelbar danach sein Arbeitsverhalten überprüfen. (Woran lag es, dass ich mehr Zeit benötigt habe? ...)

Uhren bewusst einsetzen

Sind keine Sanduhren vorhanden, sollten die Schüler immer wieder darauf hingewiesen werden, die Wanduhr zu beachten und für ihre Arbeitsorganisation einzusetzen.
Es können auch andere Uhren wie beispielsweise Kurzzeitwecker eingesetzt werden. Die Sanduhren haben erfahrungsgemäß den Vorteil, dass die Schüler sich durch den durchlaufenden Sand bildlich vor Augen führen können, wie die Zeit verstreicht und was sie schon alles geschafft haben, während sich der kleine Sandhügel gebildet hat.

WERKSTATTUNTERRICHT

93

❯ Tipp 24, 87

Höhere Motivation durch Eigenverantwortung

Durch diese offene Form des Unterrichts ermöglichen Sie den Schülern, aus Aufgabenangeboten nach eigenem Lerninteresse auszuwählen. Im Vergleich zum Arbeitsplan (Tipp 24, 87), der die Lernprozesse der Schüler inhaltlich steuert, weil die Aufgaben obligatorisch zu erledigen sind, sieht der Werkstattunterricht keinen Pflichtteil vor.
Die Steuerung eigener Lernprozesse ermöglicht den Schülern von Beginn an einen anderen Zugang zur Sache. Die Schüler bringen mehr Motivation auf, weil sie selbst entscheiden können, was, wann, wie und wo sie lernen.

> **Achtung!**
> Gestalten Sie den Klassenraum für die Phasen des Werkstattunterrichts um. Allein das Verändern der Tischordnung trägt dazu bei, dass die Schüler aus ihrer „gewohnten Unterrichtssituation" austreten.

Das Unterrichtsmaterial sollte ansprechend und abwechslungsreich gestaltet werden. Die Schüler dürfen nicht, wie häufig im Unterrichtsalltag, das Gefühl haben, eine Fülle von Arbeitsblättern zur Vertiefung eines Themas „abarbeiten" zu müssen. Vielmehr sollten handlungsorientierte Aufgaben zur Verfügung gestellt werden, die den Schülern das selbstständige Aneignen von Unterrichtsinhalten ermöglichen. Genauso werden das Arbeitstempo und die Sozialform vom Schüler selbst bestimmt.

Handlungsorientierte Aufgaben

Um einen Überblick über die Bewältigung der Aufgaben zu gewährleisten, hilft der Einsatz einer „Werkstattkarte" in Form einer Tabelle, in die die Schüler die behandelte Aufgabe, die geforderte Zeit der Bearbeitung und ggf. eine Rückmeldung über die Bearbeitung der Aufgabe oder über die Aufgabe selbst eintragen.

„Werkstattkarte"

94 SCHÜLER HELFEN SCHÜLERN

Welchen Nutzen kann man daraus ziehen, wenn Schüler Schülern helfen (Tipp 74, 84, 96)?

›Tipp 74, 84, 96

Der helfende Schüler …
- reflektiert und vertieft sein eigenes Wissen,
- wird in seinem Selbstwertgefühl und seinem Selbstbewusstsein gestärkt,
- steigert die Sozialkompetenz durch den Umgang mit anderen Schülern. Insbesondere seine Empathiefähigkeit gegenüber Schwächeren wird deutlich zunehmen.

Der Schüler, der Hilfe in Anspruch nimmt, …
- bekommt den Lerninhalt von einem „Gleichgesinnten" vermittelt,
- versteht die Lerninhalte durch die Schülererklärungen möglicherweise besser (Tipp 88),
- kann gezielt, unmittelbar und ohne Scham nachfragen.

> Tipp 88

Achtung!

Das System „Schüler helfen Schülern" kann auf unterschiedlichen Ebenen angewendet werden. Es gibt nicht nur die Möglichkeit des Einsatzes im Klassenverband, sondern auch die, dass sich Schüler eines Jahrgangs oder sogar jahrgangsübergreifend gegenseitig helfen.

Gleich mal ausprobieren

Stimmen Sie mit Ihren Schülern eine bestimmte Zeit ab, in der die Hilfsmaßnahme gestartet wird. So können sich sowohl die helfenden als auch die hilfebedürftigen Schüler darauf einstellen.

Beispielsweise wird am Dienstag in der zweiten großen Pause der Klassenraum der 8b als Hilfezentrum umfunktioniert, in dem sich die angemeldeten Schüler versammeln und ihren Mitschülern in den verschiedensten Fächern helfen. Zugunsten der Effektivität und angesichts der kurzen Zeit (Pause) sollte nach Möglichkeit versucht werden, Gruppen aus zwei Schülern zu bilden.

Um zu vermeiden, dass nicht nur die „guten" den „schlechten" Schülern helfen, sollte die Lehrkraft den Schülern schon rechtzeitig die zu vertiefenden Fächer und Inhalte mitteilen, damit Schüler gezielt eingesetzt werden können (Tipp 85).

> Tipp 85

SCHÜLERPATENSCHAFTEN EINRICHTEN

95

Bei einem Schulwechsel ergeben sich für viele Schüler ganz neue Situationen. Er bedeutet für sie auch das Verlassen der gewohnten Umgebung und die Aufhebung alter Gewohnheiten. Nicht selten fühlen sie sich in der neuen Schule anfangs fremd und sind verunsichert, da sie sich noch nicht auskennen.

In diesem Zusammenhang treten Fragen auf wie:
- Wo kann ich eine Schulbescheinigung erhalten?
- Wo ist das Sekretariat?
- Darf ich dort einfach eintreten oder muss ich vorher anklopfen?
- Wie heißt der Hausmeister und wo finde ich ihn?

Wenn dann eventuell noch der Wechsel von einer Halb- auf eine Ganztagsschule erfolgt, verändert sich damit auch der gewohnte Tagesablauf bis hin zum gemeinsamen mittäglichen Essen in der Kantine.

Jahrgangsübergreifende Unterstützung

Wie schön, wenn man dann „eine große Schwester" oder „einen großen Bruder" hat! Solch eine Person kann Sicherheit vermitteln und den Einstieg erleichtern.

Schüler aus höheren Jahrgängen beteiligen sich häufig freiwillig an diesen Patenschaften. Sie haben im Regelfall selbst schon in der Klasse 5 die Erfahrung gemacht, dass Patenschaften mit älteren Schülern sehr hilfreich und nützlich sind. Deshalb ist die Anzahl der sich beteiligenden Schüler groß.

Ein Arbeitsschwerpunkt in der Klasse 8 lautet: „Konfliktstrategien – streiten, vermitteln, lösen" – und auf dieser Grundlage haben die Schüler im Rahmen der Schülerpatenschaften die Möglichkeit, ihre neu erworbenen Kenntnisse gleich mit jüngeren Schülern auszuprobieren.

Konfliktstrategien üben

Die positiven Rückmeldungen der beteiligten und der neuen Schüler verdeutlicht den Stellenwert der Patenschaften – und wie ließe sich besser der konfliktfreie Umgang im Schulalltag gerade mit Jüngeren üben?

Gleich mal ausprobieren

In einer Sekundarschule können sich beispielsweise Schüler aus der 8. Klasse in der Eingangsphase und später in den Pausen und den Mittagsfreizeiten um die „Neuen" aus der 5. Klasse kümmern. Sie stellen ihre Schule vor, besprechen Probleme und geben Hilfestellungen zu vielfältigen Schwierigkeiten. So können sich die „Neuen" an die ungewohnte Schulsituation gewöhnen und wissen immer, wen sie um Rat fragen können.

LERNPATENSCHAFTEN FÖRDERN

96

> Tipp 95

Jahrgangsübergreifendes Lernen

Die Schülerpatenschaften (Tipp 95) konzentrieren sich zunächst auf die organisatorischen Bereiche von Schule und Unterricht. Mit Beginn z. B. des 6. Schuljahres können Schüler der 9. Klasse Lernpatenschaften für Schüler aus der 6. Klasse auch im schulischen Bereich übernehmen. Sie können auf freiwilliger Basis für folgende Tätigkeiten eingesetzt werden:

- in den Übungsstunden als Übungshelfer,
- zur Unterstützung in Gruppenarbeitsphasen,
- zur Anleitung der Tischgruppenarbeiten,
- als helfende Hand im Übungsparcours,
- zur Hilfestellung bei differenzierten Übungen in Kleingruppen,
- als Konfliktlöser im Klassenrat.

Arbeitsgemeinschaft Pädagogik

Der erhöhte Zeitaufwand kann z. B. dadurch aufgefangen werden, dass im Rahmen von Arbeitsgemeinschaften (etwa zum Thema „Pädagogik") diejenigen Schüler der 9. Klasse teilnehmen, die für die 6. Klasse Lernpatenschaften übernommen haben. In diesen zwei Stunden in der Woche wird gemeinsam mit einem Lehrer und manchmal auch noch mit Eltern, die als Gäste in den Unterricht eingeladen werden, besprochen, wie die Übernahme von Verantwortung für andere aussehen kann.

Diese Lernpatenschaften führen nicht nur zu einer Verbesserung des Umgangs miteinander, sondern tragen auch erheblich zur Entlastung des Lehrers bei. Die Schüler der 9. Klasse werden so durch die Fragen der Jüngeren „liebevoll gezwungen", ihr Wissen weiterzugeben, den anderen zu helfen und sie zu unterstützen. Der Lerneffekt zeigt sich auf beiden Seiten – bei den „Gebern" und den „Nehmern". Durch die gemeinsamen Übungen werden auch viele Erfahrungen untereinander ausgetauscht, sei es nun im Bereich der erfolgreichen Übungsstrategien oder im zwischenmenschlichen, sozialen Bereich.

Entlastung des Lehrers

Alle an diesen Lernpatenschaften beteiligten Schüler und Lehrer zeigen sich meist sehr erfreut über die gemeinsam gemachten Erfahrungen und die Übungserfolge. Auch die Eltern der Schüler bekunden häufig ihr Interesse und geben positive Rückmeldungen.

Positive Rückmeldungen

SCHÜLER UNTERRICHTEN SCHÜLER

97

Patenschaften (Tipp 95), Lernpatenschaften und die Teilnahme an der begleitenden Maßnahme „Pädagogik AG" (Tipp 96) sind die Voraussetzungen für den nächsten hier vorgestellten Schritt. Schüler der 10. Klasse nehmen nach Absprache mit dem Klassen- oder Fachlehrer am Unterricht der 7. Klassen teil und übernehmen dabei auch partiell Verantwortung für bestimmte Unterrichtsthemen oder -abschnitte. Dabei kann es sich z. B. um folgende Tätigkeiten handeln:

▶ Tipp 95
▶ Tipp 96

- ein Methodentraining für einzelne Schüler oder eine kleine Gruppe (selbstständiges Arbeiten an Stationen, Umgang mit Nachschlagewerken …),

Methodentraining

- die Vermittlung von Übungstechniken und deren Einsatz (Auswertung von Schaubildern, Vokabeltechniken …),

Übungstechniken

- wiederholende Übungen zur Vorbereitung auf eine Klassenarbeit (Mindmapping zur Inhaltsangabe, Merkzettel zum Umgang mit dem Taschenrechner …).

Vorbereitung auf eine Klassenarbeit

Die Schüler der 10. Klasse können aber auch die Aufgabe von „Fachbereichshelfern" übernehmen, die „ihr Fach" auf dem Übungsparcours in Absprache mit den Fachlehrern betreuen und die Verantwortung für die „Unversehrtheit" der Materialien und Medien übernehmen. Häufig haben Schüler so viel Spaß an diesen verantwortungsvollen Aufgaben, dass sie eigene Materialien und Arbeitsblätter zum Üben für die Siebtklässler entwickeln.

Unterstützung bei Projekten

Außerdem übernehmen die älteren Schüler auch die Beratung und Unterstützung von jüngeren Schülern bei der Planung und Durchführung von Projekten und bei der regelmäßig einmal im Schuljahr stattfindenden Veranstaltung „Schüler informieren Schüler". Hier handelt es sich um ein Kurzprojekt, bei dem jeder Schüler, der Lust und Spaß daran hat, sein Hobby oder sein Lieblingsfach den Interessierten an einem Schultag vorstellen kann. Dies bedarf der intensiven Vorbereitung, denn insbesondere jüngere Schüler haben wenig Erfahrung beim Unterrichten.

NACHHILFEFIRMA

98

Individuelle Förderung per Schülerfirma? Lesen Sie einmal das fiktive Gespräch mit Opa Johannes!

„Es klopft und die Tür zu Millas Zimmer geht auf. Opa Johannes tritt ein. Er hat Tee gekocht. Vorsichtig setzt er die Tasse auf dem Schreibtisch seiner Enkelin ab und fragt dabei: „Du, Milla, ich habe gerade in der Zeitung gelesen, dass es bei euch an der Schule eine Nachhilfefirma gibt. Was ist das denn? Hast du nicht auch eine Zeit lang Nachhilfe gegeben?" Milla trinkt einen Schluck Tee und berichtet: „So ähnlich. Im 11. und 12. Schuljahr habe ich bei uns in der

Schülerfirma

Schule in unserer Schülerfirma gearbeitet." „Gearbeitet? Und was ist das für eine Firma?", fragt der Großvater erstaunt. Milla lacht, „Eine richtige kleine Firma zum Lernen und Üben." „Alles klar", nickt dieser, „aber Firma, Schule und richtige Arbeit, wie passt denn das zusammen?" „Doch", entgegnet Milla, „richtige Arbeit für richtiges Geld. Wir haben gelernt, wie man richtig wirtschaftlich handelt." „Also auskommen mit dem Einkommen", fällt Opa ihr ins Wort. „Genau! Wir haben gelernt mit Geld umzugehen – bis hin zur Buchhaltung und gleichzeitig haben wir mit den Schülern aus der Sek. I gemeinsam gelernt und geübt – in kleinen Gruppen. Dazu haben wir vorher mit den Lehrern, den Eltern und den Schülern gesprochen, wie man ihnen beim Lernen behilflich sein kann und wie wir gezielt bestimmte Schwächen beheben könnten." Der Großvater ist begeistert. „Nach den Gesprächen haben wir gemeinsam mit jedem zu betreuenden Schüler einen Arbeitsplan entwickelt, also schriftlich festgehalten, was sie wissen und was nicht, was sie trainieren sollten und wo – und vor allen Dingen, wie." „Und das hat dir Spaß gemacht?", fragt der Großvater seine Enkelin. „Ja, und weißt du was? Das waren zwei ganz tolle Jahre. Und ich selbst wurde auch ziemlich fit." „Wenn dir das so viel Freude gemacht hat, dann kannst du dir ja auch mal überlegen, ob du nicht in Zukunft so etwas beruflich machen willst, Milla." Opa Johannes nimmt das Papier, an dem Milla gerade gearbeitet hat, zur Hand. „Darf ich einen Blick darauf werfen?" Milla nickt. „Was ist denn das?", will der Großvater wissen.

Gemeinsames Lernen und Buchhaltung

„Jetzt in der 13. Klasse muss ich das Fach Pädagogik abschließen, das ich schon in der 11. Klasse gewählt habe. Da haben wir viel Theorie gelernt, wir haben praktisch die Grundlagen für das gemeinsame Üben und Trainieren mit den Jüngeren vermittelt bekommen. Wir sind aber auch schon in der Uni gewesen, haben Vorlesungen besucht und sogar schon kleine Unterrichtseinheiten oder auch richtige Stunden geplant – natürlich alles in Absprache mit dem Fachlehrer. Ich entwerfe jetzt gerade eine praktische Übung zur Vorbereitung auf meine Abi-Prüfung."
Opa Johannes legt das Blatt Papier zurück auf den Schreibtisch seiner Enkelin und steht auf. „Dann lass dir etwas Interessantes einfallen, damit das Lernen und Trainieren auch Spaß macht. Du wirst das schon gut hinkriegen."

Grundlagen für das gemeinsame Lernen und Üben im Fach Pädagogik

LEHRERRAUMPRINZIP

99

Eine „äußere Form" des effektiven Förderns ist das Prinzip des Lehrerraums. Jeder Lehrer (eventuell teilen sich bei Raumknappheit zwei Lehrer ein Zimmer) hat einen eigenen Raum, den er individuell – nach fachlichen und methodischen Erfordernissen – einrichten kann.

> **Um die Ecke gedacht**
>
> Anstelle des Klassenraumprinzips tritt das Lehrerraumprinzip: Die Schüler wechseln nach jeder Stunde das Klassenzimmer, die Lehrer bleiben in ihrem Raum.
> Die Einführung dieses Prinzips hat an vielen Schulen zu einer Qualitäts- und Effektivitätssteigerung geführt.
> Die Lehrer können ihre Räume so einrichten, dass sie optimal unterrichten und fördern können.
> Der Mathekollege z. B. hat Lernplakate mit Formeln und Merksätzen an den Wänden hängen, Formelsammlungen können jederzeit im Unterricht eingesetzt werden.
> Der Deutschkollege hat die Wände mit Deklinations- und Konjugationstabellen gestaltet und es stehen zahlreiche Nachschlagewerke zur Verfügung.
> Jeder andere Fachkollege kann seinen Raum entsprechend mit historischen oder geografischen Karten, mit aufgebauten Experimentierstationen, fachspezifischer Literatur usw. gestalten und ausstatten.

Entsprechend könnten – je nach finanzieller Lage – die Räume mit Computern, Laptops, DVD-Playern, White-Board, Beamer usw. ausgerüstet sein.

> **Achtung!**
>
> Eine mediale Ausstattung ist insbesondere an Schulen, an denen immer wieder Materialien zerstört werden, schwierig und erfordert die regelmäßige Kontrolle der für einen Raum verantwortlichen Lehrer.

Diese Organisation des Lernens fördert die Identifikation des Lehrers mit „seinem" Raum und stellt gleichzeitig eine lernerfreundliche Umgebung für Lehrer und Schüler her. Lehrer sind besser auffind- und ansprechbar. Fördermaßnahmen können so schnell und effektiv umgesetzt werden. Es muss ja nicht in jeder Pause „Gesprächszeit" sein.

Lernerfreundliche Umgebung für Lehrer und Schüler

Hier noch einmal alle Vorteile:
- Der Lehrer trägt die Verantwortung für den Lehrerraum und die Schüler können in angenehmer Atmosphäre lernen und arbeiten.
- Die effektive Lernzeit der Schüler wird erhöht und „reale" Unterrichtszeit wird gewonnen.
- Der Unterricht kann durch die effektive individuelle „Fachausstattung" methodisch variabel gestaltet werden.
- Stationsarbeit, Werkstattarbeit, Freiarbeit und Experimente können jederzeit aufgebaut werden und bleiben.
- Wiederholungsphasen können bei Bedarf sofort eingebaut werden, da auch die Materialien aus den anderen Jahrgängen vorliegen.
- Förderung ist in jeder Unterrichtssequenz möglich und relativ leicht durch entsprechende Vorbereitung mithilfe der zur Verfügung stehenden Materialien und Medien zu initiieren.
- Das Doppelstundenprinzip (eventuell noch 60 Minuten) eignet sich besonders gut für das Lehrerraumprinzip, denn dadurch wird zusätzlich der Zeitaufwand für den Raumwechsel reduziert.

Register

(Die Verweise beziehen sich auf die jeweiligen Tipp-Nummern.)

A
Arbeitsbündnis 30
Arbeitsplan 6, 7, 24, 38, 74, 87
Außerschulische Förderung 20, 39

B
Basiskompetenzen 14, 78
Beobachtung 11, 13, 16–19, 49, 59, 66, 67, 71, 72, 74, 89
Beurteilungsfähigkeit 16, 64, 65
Beurteilungsfreie Phasen 28, 63, 69
Bewertungskriterien 11, 13, 35, 49, 52, 58, 64–67, 71, 72
Bildungsstandards 1, 13, 27

C
Checklisten 26, 28, 53, 54, 59
Coaching 37, 74, 75
Computerarbeit 6, 43

D
Diagnosekompetenz 5, 11
Diagnoseziele 11
Dokumentation des Lernens 31, 49, 50–59
Dossier 56

E
Elternkontakt 14, 38, 55, 56, 58
Entlastung des Lehrers 26, 74, 84, 88, 94, 95, 96, 98, 99
Entwicklungspsychologie 19
Evaluation 5, 7, 28, 36, 55
Experten 84, 85

F
Feedback (siehe Rückmeldung)
Förderfunktionen des Lehrers 20
Förderplan 23
Frageschleife 88
Freiarbeit 6, 87, 99
Frontalunterricht 2, 7, 71

G
Grundlagen 1
Gruppenarbeit 2, 3, 31, 45, 96
Gruppenbildung 3

H
Hausaufgabenplan 26
Heterogene Lerngruppen 2, 3, 21, 68, 76
Homogene Lerngruppen 2, 3

I
Intelligenzformen 8
Individuelles Lernportfolio 59

J
Jahrgangsübergreifendes Lernen 94, 95, 96
Journal 55

K
Kognitiv-intellektueller Bereich 8, 9, 40, 41
Konzentrationsfähigkeit 17, 43, 44, 49, 71, 82
Kooperativer Unterricht 2, 3, 6, 7, 45

L

Lehrerraumprinzip 99
Leistungseinschätzung 52, 60
Lernausgangsdiagnose 10–19
Lernbericht 31
Lernen im Gleichschritt 2, 5, 68
Lernen mit allen Sinnen 9
Lernklima 41, 44, 69
Lernkompetenz 40–49
Lernkontrakt 30-39
Lernkontrolle 33, 62–65, 91
Lernlandkarte 6, 7, 27
Lernpläne 12, 20–29, 59
Lernportfolio 58, 59
Lernstrategie 29, 34, 35
Lerntagebuch 55
Lerntypen 9, 27
Lernvereinbarung 32, 58
Logbuch 35

M

Metakognition 29, 36
Monatsplan 25
Motivation 41, 73, 85, 90, 93
Mündliche Beteiligung 31, 66, 67, 76, 77, 81

N

Nachhilfe 97
Nachhilfefirma 98

P

Patenschaften 95, 96
Planarbeit 6
Positive Verstärkung 34, 60, 73, 86, 90
Präsentation 6, 7, 27, 42, 80, 81
Produktionsorientiertes Schreiben 79
Projektarbeit 6

R

Reflexion 29, 34, 55, 75
Reliabilität 13, 64
Rhetorik 80
Rückmeldung 33, 34, 36, 38, 70

S

Schulcurricula 1
Schüleransprache 73
Schülerselbstbeobachtung 35, 71, 72
Schülerselbsteinschätzung 15, 50, 52, 59
Selbstkontrolle 26, 78
Selbstverantwortliches Lernen 30, 37, 47, 50, 55, 57, 83, 87
Stationsarbeit 6
Strukturierungstechniken 27, 43, 87, 92

T

Teamarbeit 6, 46
Teillernschwächen 85
Themenplan 1, 22, 68
Transparenz 22, 27, 62, 63, 65, 91
Tutorensystem 74, 84, 85, 88, 96

V

Validität 13, 65
Versagensängste 19

W

Werkstattarbeit 6, 93
Wochenplan (siehe Arbeitsplan)

Z

Zeitmanagement 43, 87, 89, 92
Zielvereinbarung 30, 34, 35, 37, 91

LITERATURHINWEISE

Brunner, Ilse/Rottensteiner, Erika (2002): Eine Entdeckungsreise ins Reich der multiplen Intelligenzen. Schneider Verlag: Hohengehren.

Grell, Jochen/Grell, Monika (1983): Unterrichtsrezepte. Beltz Verlag: Weinheim und Basel.

Helmke, Andreas (2003): Unterrichtsqualität – erfassen, bewerten, verbessern. Kallmeyer Verlag: Seelze.

Meyer, Hilbert (2004): Was ist guter Unterricht? Cornelsen Scriptor Verlag: Berlin.

Realschule Enger (2001) (Hrsg.): Lernkompetenz I. Bausteine für eigenständiges Lernen 5./6. Schuljahr. Berlin.

Stern, Elsbeth (2004): Schubladendenken, Intelligenz und Lerntypen. In: Friedrich Jahresheft.

Die Schule zukunftsfähig machen

Wencke Sorrentino
Hans Jürgen Linser
Liane Paradies

99 Tipps
Praxis-Ratgeber Schule

Differenzieren im Unterricht

144 Seiten mit Abb.,
Paperback
ISBN 978-3-589-22885-0

Wencke Sorrentino
Hans Jürgen Linser
Liane Paradies

99 Tipps
Praxis-Ratgeber Schule

Üben im Unterricht

144 Seiten mit Abb.,
Paperback
ISBN 978-3-589-22822-5

Winfried Deister
Walter Kowalczyk

99 Tipps
Praxis-Ratgeber Schule

Störungsfreier Unterricht

144 Seiten mit Abb.,
Paperback
ISBN 978-3-589-22823-2

nformieren Sie sich unter der Nummer 0180 12 120 20 (3,9 ct/min. aus dem Festnetz der Dt. Telekom)
ier in unserem Onlineshop: www.cornelsen-shop.de

Individuell fördern

Sabine Kliemann (Hrsg.)

**Lernstandsermittlung
Förderempfehlung
Erfolgsüberprüfung**

Mathematik
Fördermaterialien als
Kopiervorlagen

je 64 Seiten mit Abb.,
Paperback
5./6. Schuljahr
ISBN 978-3-589-22686-3
7./8. Schuljahr
ISBN 978-3-589-22819-5

Sabine Kliemann (Hrsg.)

**Lernstandsermittlung
Förderempfehlung
Erfolgsüberprüfung**

Deutsch 5./6. Schuljahr
Fördermaterialien als
Kopiervorlagen

64 Seiten mit Abb.,
Paperback
ISBN 978-3-589-22687-0

Sabine Kliemann (Hrsg.)

**Lernstandsermittlung
Förderempfehlung
Erfolgsüberprüfung**

Englisch 5./6. Schuljahr
Fördermaterialien als
Kopiervorlagen

64 Seiten mit Abb.,
Paperback
ISBN 978-3-589-22688-7

*Informieren Sie sich unter der Nummer 0180 12 120 20 (3,9 ct/min. aus dem Festnetz der Dt. Telekom)
oder in unserem Onlineshop: www.cornelsen-shop.de*